O coordenador
pedagógico:
provocações e
possibilidades
de atuação

Leitura indicada

1. O coordenador pedagógico e a educação continuada
2. O coordenador pedagógico e a formação docente
3. O coordenador pedagógico e o espaço da mudança
4. O coordenador pedagógico e o cotidiano da escola
5. O coordenador pedagógico e questões da contemporaneidade
6. O coordenador pedagógico e os desafios da educação
7. O coordenador pedagógico e o atendimento à diversidade
8. O coordenador pedagógico: provocações e possibilidades de atuação
9. O coordenador pedagógico e a formação centrada na escola
10. O coordenador pedagógico no espaço escolar: articulador, formador e transformador
11. O coordenador pedagógico e o trabalho colaborativo na escola
12. O coordenador pedagógico e a legitimidade de sua atuação
13. O coordenador pedagógico e seus percursos formativos
14. O coordenador pedagógico e questões emergentes na escola
15. O coordenador pedagógico e as relações solidárias na escola
16. O coordenador pedagógico e os desafios pós-pandemia
17. O coordenador pedagógico e seu desenvolvimento profissional na educação básica

O coordenador pedagógico: provocações e possibilidades de atuação

Vera Maria Nigro de Souza Placco
Laurinda Ramalho de Almeida
ORGANIZADORAS

Ana Maria Falcão de Aragão
Cecilia Hanna Mate
Ecleide Cunico Furlanetto
Eliane Bambini Gorgueira Bruno
Laurinda Ramalho de Almeida
Marly das Neves Benachio
Moacyr da Silva
Patrícia Regina Infanger Campos
Vera Lucia Trevisan de Souza
Vera Maria Nigro de Souza Placco
Viviani Aparecida Amabile Zumpano

Edições Loyola

Dados Internacionais de Catalogação na Publicação (CIP)
(Câmara Brasileira do Livro, SP, Brasil)

O Coordenador pedagógico : provocações e possibilidades de atuação / Vera Maria Nigro de Souza Placco, Laurinda Ramalho de Almeida, organizadoras. -- 2. ed. -- São Paulo : Edições Loyola, 2012.

Vários autores.
Bibliografia.
ISBN 978-85-15-03928-9

1. Coordenadores educacionais 2. Educação - Finalidades e objetivos 3. Pedagogia 4. Professores - Formação I. Placco, Vera Maria Nigro de Souza. II. Almeida, Laurinda Ramalho de.

12-13833 CDD-370.71

Índices para catálogo sistemático:
1. Coordenação pedagógica : Educação 370.71
2. Coordenadores pedagógicos : Educação 370.71

Conselho editorial:
Abigail Alvarenga Mahoney
Emilia Freitas de Lima
Idméa Semeghini Próspero Machado de Siqueira
Laurinda Ramalho de Almeida
Melania Moroz
Vera Maria Nigro de Souza Placco

Preparação: Maurício Balthazar Leal
Capa: Amanda Ap. Cabrera
Ronaldo Hideo Inoue
Diagramação: So Wai Tam
Revisão: Fábio Chiossi

Edições Loyola Jesuítas
Rua 1822 n° 341 – Ipiranga
04216-000 São Paulo, SP
T 55 11 3385 8500/8501, 2063 4275
editorial@loyola.com.br
vendas@loyola.com.br
www.loyola.com.br

Todos os direitos reservados. Nenhuma parte desta obra pode ser reproduzida ou transmitida por qualquer forma e/ou quaisquer meios (eletrônico ou mecânico, incluindo fotocópia e gravação) ou arquivada em qualquer sistema ou banco de dados sem permissão escrita da Editora.

ISBN 978-85-15-03928-9

2ª edição: 2012

© EDIÇÕES LOYOLA, São Paulo, Brasil, 2012

Sumário

Apresentação 7

O trabalho do coordenador pedagógico na visão de professores e diretores: contribuições à compreensão de sua identidade profissional 9
Vera Maria Nigro de Souza Placco
Vera Lucia Trevisan de Souza

A atuação do coordenador pedagógico na educação infantil 21
Viviani Aparecida Amabile Zumpano
Laurinda Ramalho de Almeida

O coordenador pedagógico e a formação docente: possíveis caminhos 37
Patrícia Regina Infanger Campos
Ana Maria Falcão de Aragão

Desafios para a prática da formação continuada em serviço 57
Marly das Neves Benachio
Vera Maria Nigro de Souza Placco

O coordenador diante do desafio da formação: a busca de uma nova lógica 71
Ecleide Cunico Furlanetto

Contribuição de Henri Wallon para o trabalho do coordenador pedagógico 81
Laurinda Ramalho de Almeida

O CP e a coerência como dimensão formativa: contribuições de Paulo Freire 103
Eliane Bambini Gorgueira Bruno

Deu certo, por que não? A aula-plataforma no ensino vocacional ... 121
Moacyr da Silva

Projeto pedagógico: sentidos e significados para a escola 131
Cecilia Hanna Mate

Apresentação

Em 2010/2011, empreendemos uma grande pesquisa, em âmbito nacional, na busca de maior compreensão do trabalho e da identidade do coordenador pedagógico (CP)[1]. Esta pesquisa nos provocou em relação aos desafios apresentados a esse profissional em seu cotidiano de trabalho, uma vez que cada vez mais lhe são demandadas ações e compromissos nem sempre concordes com suas crenças pedagógicas e sua formação inicial.

Por outro lado, os sistemas de ensino propõem essas ações ao CP por valorizá-lo como profissional, mas na expectativa de que ele assuma e responda ao funcionamento da escola e do sistema, responsabilizando-o ainda pelo sucesso e pelo insucesso dessas ações.

Acreditamos que são muitas e necessárias as intervenções do CP nas práticas educativas e formativas da escola, mas enfatizamos, mais uma vez, a necessidade de atenção à sua formação inicial e continuada e à garantia de condições adequadas de trabalho para a realização dessas múltiplas solicitações.

Neste novo volume de nossa "pequena coleção" sobre o CP nos propomos a pôr em discussão algumas questões provocativas e oferecer fundamentação para uma atuação mais viva e exitosa desse profissional tão necessário nas escolas deste país.

Assim é que alguns dos capítulos deste livro referem-se à compreensão do trabalho do CP na visão de professores e diretores, à atuação do CP na educação infantil, a possíveis novos caminhos para a formação docente e para a formação continuada em serviço.

---

[1]. Financiada e apoiada pelas Fundações Victor Civita e Fundação Carlos Chagas. Disponível em: <http://fvc.org.br/estudos>.

Além disso, alguns desses capítulos oferecem fundamentos teóricos ao trabalho do CP, como os de Henri Wallon e Paulo Freire. Alguns aspectos mais concretos para essa atuação aparecem em textos como aula-plataforma e projeto pedagógico. Nosso contato com CPs de todo o Brasil nos trouxe novos desafios e encantamentos com o trabalho desse educador cuja identidade profissional transita entre a docência e a coordenação pedagógica, entre as demandas de variadas instâncias e suas crenças pedagógicas, na expectativa de maior aprendizagem dos alunos, de melhor qualidade do ensino.

São Paulo, março de 2012
Vera Maria Nigro de Souza Placco
Laurinda Ramalho de Almeida

O trabalho do coordenador pedagógico na visão de professores e diretores: contribuições à compreensão de sua identidade profissional

Vera Maria Nigro de Souza Placco[1]
veraplacco@pucsp.br
Vera Lucia Trevisan de Souza[2]
vera.trevisan@uol.com.br

As ideias expostas neste artigo remetem a uma pesquisa que investigou o perfil do coordenador pedagógico no Brasil[3]. No entanto, não se pretende discorrer sobre o perfil desse profissional, tampouco abordar as características de sua função, visto que a pesquisa referida já o fez. O que se busca é abordar como os profissionais da escola concebem a função coordenadora e o profissional que a desenvolve, com o objetivo de sinalizar aspectos fundamentais à constituição de sua identidade.

Nossos estudos sobre identidade profissional, que tomam por base as ideias de Claude Dubar, sociólogo francês que pesquisa as identidades no trabalho, têm demonstrado que a constituição identitária se dá

---

1. Professora titular do Programa de Estudos Pós-Graduados em Educação: Psicologia da Educação da PUC-SP.
2. Professora e coordenadora do Programa de Pós-Graduação em Psicologia da PUC-Campinas.
3. PLACCO, ALMEIDA, SOUZA, *O coordenador pedagógico e a formação de professores: intenções, tensões e contradições*. Relatório de Pesquisa, Fundação Victor Civita, 2011.

a partir de dois processos: um mais voltado para o sujeito (processo biográfico), que envolve sua história, suas memórias, experiências e concepções, seus afetos etc.; outro mais voltado para o social (processo relacional), que envolve as relações com o meio físico e social, sobretudo em relação ao que este meio atribui como características ao profissional. Esses dois processos, no entanto, interagem permanentemente na construção da identidade profissional e se caracterizam como tensão permanente, que se constitui como um jogo de forças entre os eixos biográfico e relacional. De um lado, as atribuições, que equivalem às expectativas que os outros têm do sujeito — o para si —, de outro as identificações ou não identificações do sujeito com as atribuições que os outros lhe conferem — a pertença, o em si.

Essa compreensão em relação ao modo como a identidade profissional se constitui é que justifica a reflexão que ora propomos, envolvendo o que pensam professores e diretores sobre o papel do CP na escola, tendo em vista serem esses profissionais que trabalham diretamente com o CP.

Os coordenadores pedagógicos na visão dos diretores de escola

A pesquisa à qual nos referimos, em que foram entrevistados diretores de todas as regiões do país, revela que esses profissionais entendem que o CP pertence à gestão da escola. Essa visão, se por um lado define o papel do CP, marcando seu lugar no contexto escolar, por outro é fonte geradora de tensões, tendo em vista a forma como os professores o concebem e as demandas que o CP recebe, tanto do diretor como dos professores. Ao alocar o CP na gestão, atribuindo-lhe funções pertinentes a essa instância na escola, dois problemas são gerados, caso o CP se identifique com as atribuições recebidas e as tome como pertenças, ou seja, como fazendo parte de suas funções.

O primeiro deles diz respeito à relação que esse profissional tem ou deveria ter com os demais atores da escola, até mesmo com os pais, uma relação de parceria e comunicação. No entanto, geralmente a direção é vista como o "poder" em exercício, com uma função repressora e punitiva, representação construída ao longo da história e que persiste. Logo, ficar ao lado da gestão afasta o CP dos professores e alunos, prejudicando ou anulando o que poderia se caracterizar como uma relação de parceria. O segundo problema, e talvez o mais complexo, é que ao assumir o papel de gestor o CP acaba por se apropriar de funções administrativas e organizativas que não são privativas de sua função. Esse fato traz consequências que em muito prejudicam a função do CP, tendo em vista o caráter pedagógico que deve ser central em suas ações, já que os problemas administrativos e organizacionais tendem a tomar grande parte de seu tempo. Desse modo, o fato de estar mais envolvido com o administrativo que com o pedagógico impede que o CP assuma seu papel de mediador na escola, isto é, que tome como ponto de partida e de chegada de suas ações o pedagógico, uma vez que o objetivo maior de sua ação deve ser a melhoria constante e permanente da aprendizagem dos alunos.

Os diretores entrevistados na pesquisa ressaltam que a presença do CP é fundamental na escola e que este contribui muito para o trabalho da direção. Entendem que o trabalho do CP está ligado ao aluno, ao professor e à comunidade escolar, ou seja, a todas as instâncias da escola e fora dela. Assim, da perspectiva dos diretores, o CP é um profissional que integra a gestão, tem participação nas decisões, é responsável pelo pedagógico e também participa das questões organizacionais e administrativas da escola.

Essa visão parece ser compartilhada pelos CPs investigados na pesquisa, que aderem às atribuições organizativas e, normalmente, ficam imersos nelas, sem poder se dedicar como gostariam e deveriam ao pedagógico, sobretudo no que se refere à formação dos professores da escola. O problema é que essa adesão acaba por gerar contradições em suas ações, que, por sua vez, produzem angústia nos profissionais, pela tensão causada entre o que eles acreditam que devem ser e fazer e o que lhes é atribuído como demanda. Mas o que os levaria a aderir a essas atribuições da direção ainda que, de algum modo, saibam que não podem dar conta delas? Retornaremos a esta questão mais adiante, quando abordarmos o conjunto de atribuições do CP pelos diretores e professores.

Em última análise, fica claro que os diretores, embora afirmem valorizar as funções pedagógicas dos CPs, na realidade acreditam que eles devem atender às múltiplas necessidades cotidianas da escola, o que acaba por fazer com que os CPs priorizem esse atendimento, deixando de lado outras atribuições de sua responsabilidade, principalmente as de cunho formativo.

Os coordenadores pedagógicos na visão dos professores

À semelhança dos diretores, os professores também entendem o trabalho do CP como vinculado à gestão, pois planeja junto com o gestor e é um elo entre o aluno, o professor e a direção. Também referem-se ao CP como mola impulsionadora da relação entre as partes da escola e como mediador do conhecimento com os professores. Justificam essa compreensão alegando que o CP desenvolve tarefas de gestão ao assumir a responsabilidade pela escola na falta do diretor, cabendo a ele cuidar do professor, dos alunos, bem como administrar a rotina dos professores, atender às urgências ocorridas durante o período escolar e até mesmo organizar o horário escolar e auxiliar em tarefas da secretaria. Também referem-se a atribuições do CP ligadas à fiscalização e ao controle, tanto em relação ao planejamento do professor quanto às rotinas da escola.

Observe-se como também para os professores as atribuições desse profissional são múltiplas e diversas, envolvendo questões ligadas ao pedagógico e ao administrativo, relacionadas a diferentes grupos, como gestores, professores, alunos e pais.

Alguns professores entrevistados na referida pesquisa dizem que o CP é responsável por "tudo, cuida do corpo docente, dá apoio aos professores, alunos e famílias", cabendo a ele ainda "[...] orientar as atividades dos projetos no dia a dia, [...] responsabilizar-se pelo desenvolvimento de cada criança, [...] organizar os planejamentos e o material que o professor vai estudar". É ele também, segundo os professores, que cuida dos alunos indisciplinados, dos pais impacientes e das urgências da Secretaria de Educação.

Observe-se que, do ponto de vista dos professores, o CP é da gestão e também solucionador de problemas, seja os que acometem a prática docente, seja aqueles relacionados ao cotidiano escolar. Não há, de modo explícito, referência dos professores ao papel formador do CP. No entanto, várias atividades mencionadas pelos docentes são formativas, tais como ajudá-los no planejamento dos conteúdos, sugerir atividades, orientar em relação a algumas práticas, entre outras.

Assim, para os professores o CP é um parceiro, mas ocupa um lugar diferenciado, de onde seria capaz de socorrê-los em suas angústias, em suas faltas, em suas necessidades enfim, revelando-se em suas percepções sobre o papel deste profissional o paradoxo: gestor x parceiro/solucionador de problemas.

Esta visão contribui sobremaneira na constituição da identidade desse profissional, como se verá mais adiante, mas no que se refere ao posicionamento assumido pelo CP na relação com os professores ela justifica o fato de ora o CP colocar-se ao lado dos docentes, assumindo suas queixas e expectativas, ora se posicionar ao lado do diretor, seja no papel de solucionar questões administrativas ou no de fiscalizar o trabalho do professor.

O que não aparece, ainda que seja de fundamental importância, é a definição de um papel/lugar específico e privativo do CP na escola, o que deve resultar de um processo de constituição identitária desse profissional.

A constituição identitária do CP

Há duas questões a que temos buscado responder em nossas pesquisas e que queremos retomar aqui, com o objetivo de contribuir para a compreensão sobre quem é esse profissional: Como se processam as relações de força entre as atribuições e a pertença na identidade profissional do CP? Que especificidade as representações do trabalho do CP assumem na constituição de sua identidade profissional?

Isso porque, segundo Dubar (1997), a imagem que o profissional faz de si interfere sobremaneira em suas ações, as quais, por sua vez, sustentam essa imagem como identidade profissional. Tal imagem sobre a profissão, no entanto, constrói-se nas relações de trabalho, de acordo com o processo já explicitado nas páginas precedentes.

Contudo, é importante apontar que as formas identitárias assumidas pelo profissional não são permanentes ou estanques, mas se transformam, em um movimento dialético constante, em um jogo de forças em que as características da pessoa, sua história, suas habilidades e competências profissionais, seus desejos e motivos entram em confronto permanente com o que se espera que ela seja e faça, pense e atue, sinta e proponha.

Importa considerar também que, se esse processo ocorre nas interações encadeadas no ambiente de trabalho, parece razoável supor que os demais profissionais que participam dessa interação também constroem suas identidades de modo concomitante. Assim, assumir identidades atribuídas pelo diretor, por exemplo, ao mesmo tempo em que transforma o CP, ao inserir novos atributos em sua identidade profissional, também transforma o diretor, que permanece tendo de si a imagem de que aquelas atribuições são do CP. O mesmo vale para o professor: na medida em que ele encaminha os alunos que não se comportam em sala de aula para o coordenador, pois atribui a ele o papel de solucionador de problemas, se o CP aceita tal atribuição, participa da constituição de uma identidade de professor que não toma para si a responsabilidade pela formação integral do aluno.

Mesmo com essas considerações, ainda não demos conta de explicar a complexidade que envolve o processo de constituição das identidades profissionais. Isso porque seria necessário pensar na escola como um todo, nas famílias, nas comunidades, nas condições da carreira docente, na legislação, na situação econômica enfim. Ou seja, o que se quer é demonstrar que não é possível analisar hoje qualquer aspecto ou profissional da escola isoladamente, sem inseri-lo em um contexto mais amplo, considerando os elementos apontados acima, porque acreditamos que seja esta a razão de se gerarem tantos culpados na educação, movimento que não traz qualquer contribuição para a melhoria das condições de ensino e aprendizagem nas escolas. E, como a função de CP é relativamente nova no que concerne ao reconhecimento de sua existência nas escolas, caso não se considere essa complexidade corre-se o risco de atribuir a ele a culpa pelos problemas históricos que se vivenciam nas escolas.

No entanto, são justamente essa fluidez e esse movimento que observamos caracterizar a ação dos CPs, que exercem profissão recentemente normatizada em textos legais (ainda que bastante antiga quanto à função), que têm papel fundamental na escola, sobretudo no que concerne às possibilidades de melhoria da qualidade do ensino e da aprendizagem, mas que apresentam, com frequência, pouca clareza sobre o significado e a estruturação de seu papel, assim como sobre suas funções e atribuições. O fato de a normatização da função ser relativamente nova, as recentes mudanças nos cursos de formação inicial específica, no âmbito da graduação, assim como a ausência de formação continuada que promova o desenvolvimento de habilidades específicas à função de CP fazem que esses profissionais recorram a suas experiências como docentes como constituidoras de sua identidade de coordenador pedagógico.

Em suas ações na escola, os CPs, assim como os diretores e professores, reconhecem uma série de dificuldades enfrentadas por esse profissional, tais como a baixa remuneração, a grande quantidade de tarefas, o pouco tempo para realizá-las e a falta de formação específica. Nesse contexto, o que manteria esse profissional na coordenação pedagógica? Parece que os benefícios da carreira, sobretudo em relação a questões afetivas e relacionais, sustentam e promovem sua identificação com a função. Isso significa: ser reconhecido, ser considerado importante pelos demais, saber que traz uma contribuição para o funcionamento da escola e para a docência do professor, por exemplo. De modo contraditório, no entanto, tal adesão também incorpora os demais atributos, como: profissional mal remunerado, com condições de trabalho inadequadas, com demanda de trabalho que ultrapassa suas reais possibilidades de ação e com pouca dedicação às atividades específicas à sua função.

Na pesquisa que realizamos, ficou claro que o excesso de atribuições conferidas ao CP, sobretudo pelos diretores e professores, interfere sobremaneira na construção de uma identidade profissional de coordenador pedagógico: primeiro, porque ele reconhece que essas atribuições são importantes e tende a tomá-las para si; segundo, porque as integra a suas dimensões pessoais e mesmo a suas condições profissionais, além de integrá-las às dimensões históricas, suas e da profissão. Neste sentido, as funções do CP, visto historicamente como supervisor do trabalho docente, e do orientador educacional, que atenderia às necessidades cognitivas, afetivas e sociais dos alunos, fundem-se em um conjunto de expectativas de alunos, pais, professores e mesmo da direção.

Para atender a esse largo espectro de demandas, o CP frequentemente diz uma coisa e faz outra, o que nos leva a questionar o papel do discurso na constituição das identidades profissionais do CP — como se explica seu reconhecimento e a valorização das funções articuladoras, formativas e transformadoras do CP, que diz tomá-las para si, mas em seu cotidiano age de forma contraditória a esse reconhecimento?

Entendemos que duas forças atuam nesse processo: as características da trajetória da experiência profissional, permeada pela construção de uma carreira, e as ideias e concepções produzidas nos campos político-ideológico e acadêmico-teórico por instâncias muitas vezes distantes da escola (como órgãos do governo e universidades). Estas últimas exercem grande poder sobre os educadores e acabam por assumir prevalência no movimento de tensão que caracteriza a constituição de formas identitárias. Isso porque, neste caso, as forças atuantes no processo — do sistema, da academia, da direção da escola — são muito diferentes, tendo maior peso as representações daqueles que têm mais poder. O CP tem de atender às demandas do cotidiano, do diretor, de professores, de pais e alunos, e a possibilidade de sobreviver na função é dada pela apropriação do discurso dominante, visto que na escola não é aceito que ele se vincule apenas às questões históricas ou às trajetórias de experiência profissional, mas deve também vincular-se às questões teóricas atuais sobre o que a escola tem que ser e fazer — e sobre o que ele mesmo, CP, tem que ser e fazer. Contraditoriamente, exige-se dele que atue segundo o modelo antigo, remanescente da função de orientação educacional, com primazia para o atendimento de alunos e pais e a garantia da aprendizagem e do bom comportamento dos alunos.

Ainda como aspecto fundante da constituição da identidade desse profissional, assumem relevância questões singulares do sujeito que exerce essa função, tais como sua história pessoal, sua trajetória de formação, seus desejos e necessidades e, principalmente, o modo de ingresso na função. Na pesquisa que realizamos, constatamos que em sua maioria os CPs ingressaram no cargo por motivos que não se relacionavam diretamente com suas escolhas ou seus planos para o futuro. As formas de ingresso na função, apesar de haver ingressantes por meio de concurso, caracterizam-se majoritariamente por convite da direção, indicação dos pares, transferência para as instituições etc. Esses dados nos levaram a questionar o impacto na constituição da identidade profissional em uma função que não foi escolhida, para a qual não se foi preparado, sobretudo em relação às competências necessárias para exercê-la.

Esse fato, segundo a perspectiva teórica que assumimos, não impacta somente o CP, mas também os professores e diretores, que vivenciam o ingresso do sujeito na função motivada por fatores externos, e a imagem que têm do CP é de quem não mede sacrifício para ajudar e resolver os problemas da escola. Pode estar aí a origem de uma imagem que aparece com frequência como representação da função de CP: a de missionário, fadado a cumprir uma missão quase "impossível", a de resolver, encaminhar os problemas que permeiam o espaço escolar, sejam eles de que natureza forem (DUGNANI, SOUZA 2011).

Se, como diz Dubar (1997), a identidade profissional se constitui no trabalho, no cotidiano, observa-se que o CP acentua em suas atividades as dimensões relacionais e articuladoras, dimensões valorizadas por ele e pelos demais na escola, definidoras do modo como ele próprio se define e como é definido pelos outros de suas relações. Nesse sentido, ao assumir atribuições diversas e por vezes contraditórias, revela uma identidade de solucionador de problemas, "apagador de incêndios", recebendo, em contrapartida, demandas a ela relacionadas, num movimento dialético de atribuição e pertença, base da constituição de sua identidade profissional.

Essas análises nos permitiram identificar que no exercício da função de CP predominam tensões de três naturezas e origens: as internas à escola, derivadas das relações com o diretor, os professores, os pais e os alunos; as externas à escola, decorrentes das relações com o sistema de ensino e a sociedade, sobretudo quando o responsabilizam pelo mau rendimento do aluno nos processos de avaliação externa; uma terceira tensão tem origem nas próprias visões, necessidades e expectativas do CP em relação a sua função e às necessidades da escola e da educação.

Algumas considerações

A reflexão que ora empreendemos com o intuito de identificar elementos da função do CP que possibilitem a compreensão de sua constituição identitária nos permite afirmar que sua identidade se revela no movimento de tensão entre as atribuições legais, da escola e seus atores (direção, professores, pais e alunos), e as identificações a elas relacionadas que os CPs assumem. No entanto, esse movimento é acentuado pelas contradições presentes no sistema escolar, dado que as atribuições legais e teóricas postas se confrontam com aquelas provenientes da trajetória da profissão, das trajetórias pessoais e profissionais do CP, uma vez que todos os atores envolvidos na dinâmica das escolas são representantes de concepções e expectativas que carregam uma historicidade que, necessariamente, implica contradições.

Esta afirmação nos conduz a sugerir urgência na implementação de uma formação específica para o coordenador em que, ao lado de estudos teóricos que alicercem suas concepções educacionais e fundamentem suas práticas e as do professor, sejam discutidas e contempladas as especificidades de sua função, tais como: habilidades relacionais, estratégias de formação e de ensino, construção e gestão de grupo, domínio de fundamentos da educação e áreas correlatas, questões atuais da sociedade e da infância e da adolescência (aprendizagem e desenvolvimento).

Esse tipo de formação poderia contribuir para a constituição de um CP aberto à mudança, ao novo, ao outro e à própria aprendizagem, capaz, portanto, não só de promover, mas de pensar, planejar e desenvolver a *formação continuada* de seus professores na escola.

Para além da formação, no entanto, são necessárias ações no âmbito das políticas públicas educacionais, propostas e implementadas pelas instâncias governamentais, sobretudo no que se refere à legitimação da função do CP, contemplando-a na legislação nacional, de modo que a profissionalização possa contribuir para a constituição de sua identidade.

Entretanto, é preciso ter cuidado, como já apontado anteriormente, para que os investimentos feitos na função, em qualquer das instâncias propostas, não tragam em seu bojo a crença de que esse profissional, sozinho, será capaz de solucionar o problema das escolas, o que não é difícil acontecer, haja vista a situação que caracteriza as escolas na atualidade (DUGNANI, SOUZA 2011). É preciso ter clareza de que os problemas da educação só serão tratados adequadamente quando tomados como responsabilidade de um coletivo de profissionais que carecem de investimento em sua formação. Ou seja, não basta investir na formação dos CPs, na normatização da função, na criação de plano de carreira, na criação de condições para que ele possa assumir seu papel de formador de professores sem investir, por exemplo, na formação inicial de professores, na forma de ingresso dos professores na carreira, na criação de condições para a construção dos projetos políticos pedagógicos das escolas etc.

Acreditamos que o CP é um profissional fundamental na escola, como articulador das ações, como formador dos educadores e, portanto, como transformador das condições de ensino e aprendizagem. Entretanto, é preciso que ele trabalhe com o coletivo, o que implica o envolvimento dos demais atores da escola, cujo processo de constituição identitária deverá provocar mudanças em seus modos de pensar e agir, provocando um movimento de constituição das identidades de todos os profissionais da escola, além de seus alunos. Como facilitar esse processo é o desafio que se apresenta a nós, formadores nas universidades ou nas escolas.

Referências bibliográficas

ALMEIDA, L. R. A dimensão relacional no processo de formação docente: uma abordagem possível. In: BRUNO, E. B. G., ALMEIDA, L. R., CHRISTOV, L. H. S. (orgs.). *O coordenador pedagógico e a formação docente*. São Paulo, Loyola, 2000.

_____, PLACCO, V. M. N. de S. O papel do coordenador pedagógico. *Revista Educação*, São Paulo, Segmento, ano 12, n. 142 (fev. 2009).

ANDRÉ, M. E. D. A., VIEIRA, M. M. da S. O coordenador pedagógico e a questão dos saberes. In: ALMEIDA, L. R., PLACCO, V. M. N. DE S. *O coordenador pedagógico e questões da contemporaneidade*. São Paulo, Loyola, 2006.

AZANHA, J. M. P. *Documento preliminar para reorientação das atividades da Secretaria*. São Paulo, Secretaria de Educação, 1983.

BRUNO, E. B. G. O trabalho coletivo como espaço da formação. In: *O coordenador pedagógico e a educação continuada*. São Paulo, Loyola, 1998.

CUNHA, R. B., PRADO, G. V. T. Sobre importâncias: a coordenação e a coformação na escola. In: PLACCO, V. M. N. DE S., ALMEIDA, L. (orgs.). *O coordenador pedagógico e os desafios da educação*. São Paulo, Loyola, 2008.

DUGNANI, L. A. C., SOUZA, V. L. T. *Os sentidos do trabalho para o orientador pedagógico*. Dissertação (Mestrado). Campinas, Pontifícia Universidade Católica, Programa de Pós-graduação em Psicologia, dez. 2011.

DUBAR, C. *Para uma teoria sociológica da identidade*. A socialização. Porto, Porto Editora, 1997.

MATE, C. H. Qual a identidade do professor-coordenador pedagógico? In: *O coordenador pedagógico e a educação continuada*. São Paulo, Loyola, 1998.

PLACCO, V. M. N. DE S., ALMEIDA, L. R., SOUZA, V. L. T. *O coordenador pedagógico e a formação de professores: intenções, tensões e contradições*. Relatório de Pesquisa. Fundação Victor Civita, fev. 2011. Disponível em: <www.fvc.org.br/estudos-e-pesquisas>.

PLACCO, V. M. N. DE S., SOUZA, V. L. T. *Aprendizagem do adulto professor*. São Paulo, Loyola, 2006.

_____. Diferentes aprendizagens do coordenador pedagógico. In: ALMEIDA, L. R., PLACCO, V. M. N. de S. (orgs.). *O coordenador pedagógico e o atendimento à diversidade*. São Paulo, Loyola, 2010.

_____. Desafios ao coordenador pedagógico no trabalho coletivo da escola: intervenção ou prevenção? In: PLACCO, V. M. N. DE S., ALMEIDA, L. R. (orgs.). *O coordenador pedagógico e os desafios da educação*. São Paulo, Loyola, 2008.

A atuação do coordenador pedagógico na educação infantil

Viviani Aparecida Amabile Zumpano[1]
vivizumpano@gmail.com
Laurinda Ramalho de Almeida[2]
laurinda@pucsp.com.br

> [...] A escola maternal parece perfeitamente adequada para preparar a emancipação da criança, que vive ainda enquadrada na sua vida familiar, onde mal sabe distinguir a sua personalidade do lugar que nela ocupa e onde a representação que faz de si própria tem algo de global, confuso e exclusivo.
> HENRI WALLON

A relevância da temática que propomos discutir se deve principalmente ao fato de que muitos são os estudos que enfocam a atuação do coordenador pedagógico nos âmbitos do ensino fundamental e do ensino médio, porém muito pouco ainda se discute sobre a atuação desse profissional que nasce juntamente com a ascensão da educação infantil como campo de conhecimento, atuação profissional e política pública de educação, pois se sabe que esta área vem ganhando contornos mais nítidos, e com isso as discussões que emanam de seu interior adquirem cada vez mais visibilidade e consistência.

Essa trajetória é favorecida por meio da crescente compreensão sobre os processos envolvidos no crescimento e no desenvolvimento

---

1. Mestre em Educação: Psicologia da Educação, pela PUC-SP.
2. Professora Doutora do Programa de Estudos Pós-Graduados em Educação: Psicologia da Educação e vice-coordenadora do Programa do Mestrado Profissional em Educação: Formação de Formadores, ambos da PUC-SP.

das crianças desde que nascem, bem como nas formas de aprendizagem e na consolidação dos direitos a elas consignados pela sociedade brasileira.

Em sua relação com o meio, formado por costumes, linguagens, valores, relações humanas e técnicas, as crianças desde cedo tentam apreendê-lo e significá-lo, mediadas direta ou indiretamente por parceiros mais experientes, como por exemplo o professor, que lhes assegura uma gradativa apropriação da cultura historicamente constituída. Essa experiência é de fundamental importância para que a criança também possa ser produtora de cultura, manifestando-se por meio de diferentes linguagens, afetando o meio do qual faz parte e sendo afetada por ele.

Dada a importância do educador de crianças pequenas e do meio educação infantil, bem como da corresponsabilidade destes no desenvolvimento integral da criança de 0 a 5 anos, procuraremos trazer neste texto alguns dos "fazeres" do coordenador pedagógico que acompanha os professores de educação infantil, começando por elaborar uma breve contextualização desse meio, abordando suas riquezas, suas diversidades e seus desafios, trazendo o coordenador pedagógico para esse cenário, bem como algumas possibilidades de ação desse profissional.

Aos nossos olhos, o coordenador pedagógico não é um mero gestor de sistemas (planejar e coordenar), de práticas que dão certo e sempre funcionaram. A especialidade desse profissional reside em sua capacidade de contextualizar práticas cotidianas, compreender a generalidade das situações que envolvem a educação de crianças e a formação de adultos, transformar as queixas em bons problemas, congregar esforços para encontrar alternativas e, muitas vezes, inventar soluções. Por isso, podemos dizer que é um profissional estratégico na formação continuada em serviço da equipe de educadores e na construção do trabalho pedagógico em qualquer nível educacional.

Educação infantil: um cenário que se constitui a cada dia

A educação infantil, que atualmente compreende a educação de crianças de 0 a 5 anos de idade, constitui-se como área em processo de construção, uma vez que a criança menor de 6 anos tardou a tornar-se preocupação dos meios educacionais em nosso país. Ainda hoje, após a institucionalização — a partir da Constituição Federal de 1988 — do direito das crianças e suas famílias de contar com instituições que garantam cuidados e educação desde o nascimento, são grandes os desafios, no que se refere tanto à cobertura do atendimento como à diversidade de elementos relacionados à qualidade das experiências proporcionadas às crianças nas instituições de educação infantil — creches e pré-escolas.

Partimos do pressuposto de que os profissionais que atuam na educação infantil passaram (e passam) por mudanças importantes em seu papel pedagógico, mudanças que resultaram de transformações significativas ocorridas na legislação brasileira nas últimas décadas, especificamente a partir da Constituição Federal de 1988, conforme acima citado, passando pelo Estatuto da Criança e do Adolescente (1990), que assegura à criança e ao adolescente o direito à educação, visando ao pleno desenvolvimento de sua pessoa, e o acesso aos bens culturais por meio da creche, da pré-escola e da escola (ensino fundamental e ensino médio).

É importante também ressaltar a Lei de Diretrizes e Bases da Educação Nacional de 1996, um dos documentos mais importantes no processo de ascensão da educação infantil, pois atesta que esta é a primeira etapa da educação básica e tem como finalidade o desenvolvimento integral da criança até 5 anos de idade[3] em seus aspectos físico, psicológico, social e intelectual, complementando que a educação infantil deve ser oferecida em creches para crianças de 0 a 3 anos de idade e em pré-escolas para crianças de 4 e 5 anos de idade. Lembremos também a elaboração dos Referenciais Curriculares Nacionais para a Educação Infantil (1998), compostos por documentos condensados em três volumes de publicação que

---

3. A mudança da idade de 6 para 5 anos foi realizada em decorrência da Lei Federal n. 11.274, de 6 de fevereiro de 2006, que prevê a alteração da redação dos artigos n. 29, 30, 32 e 87 da Lei 9.394/96, que estabelece as Diretrizes e Bases da Educação Nacional, dispondo sobre a duração de 9 (nove) anos para o ensino fundamental, com matrícula obrigatória a partir dos 6 (seis) anos de idade.

integram os Parâmetros Curriculares Nacionais e têm como finalidade auxiliar os professores, os coordenadores pedagógicos e os demais atores que fazem parte do segmento da educação infantil nesta fase transitória pela qual passam as creches e pré-escolas em nosso país, integrando e incorporando as atividades educativas aos cuidados essenciais administrados à criança pequena.

Um ano depois, em 1999, a instituição das Diretrizes Curriculares Nacionais para a Educação Infantil passou a nortear a organização, a articulação, o desenvolvimento e a avaliação das propostas pedagógicas instituídas nas creches e pré-escolas de acordo com os princípios, fundamentos e procedimentos da educação básica. A transformação pela qual deveriam passar as instituições de educação infantil resumia-se ao reconhecimento da importância da identidade da criança, de sua família, de professores, coordenadores pedagógicos e demais profissionais que fazem parte do contexto sociocultural no qual estas instituições se inserem; portanto as propostas pedagógicas deveriam estar articuladas a essas particularidades.

A última e não menos importante mudança ocorreu em 2006. A Lei Federal n. 11.274, instituída no dia 6 de fevereiro, modificou alguns artigos da Lei de Diretrizes e Bases da Educação Nacional, alterando a duração do ensino fundamental para nove anos, com matrícula obrigatória da criança aos 6 anos. Acredita-se que a ampliação do ensino fundamental para nove anos significou um avanço para a realidade educacional brasileira, porém deve-se estar atento aos limites que essa proposta pode adquirir caso seja efetivada sem o compromisso de assegurar o respeito à infância e a educação como direito de cidadania, pois de nada resolve ampliar o tempo de duração da escolaridade obrigatória por meio da inclusão de crianças de 6 anos na escola sem criar mecanismos que respeitem o direito à infância, tais como estrutura física escolar adequada, currículo adaptado e, principalmente, professores bem formados para a função de educar crianças menores.

Não se pode negar que essas mudanças refletiram na organização pedagógica da educação infantil, pois os professores que antes trabalhavam com crianças de 6 anos de idade passaram a atuar com crianças de 5 anos, o que também refletiu na atuação dos professores que trabalham com crianças menores. A necessidade de redirecionamento pedagógico e curricular na educação infantil a partir da ampliação do ensino fundamental para 9 anos é enfatizada por Kramer:

> [...] cabe às políticas públicas municipais e estaduais a expansão com qualidade de creches, pré-escolas e escolas, com a implantação de propostas curriculares e de formação de profissionais de educação e de professores. [...] As crianças têm o direito de estar numa escola estruturada de acordo com uma das muitas possibilidades de organização curricular que favoreçam a sua inserção crítica na cultura (2006, p. 811).

A implantação de novas propostas curriculares nas instituições de educação infantil aponta para uma realidade educacional que deve atender e suprir as necessidades de aprendizagem de crianças menores, inserindo-as na cultura por meio do ensinamento de princípios e valores éticos, contribuindo para humanizar suas relações com o meio social; portanto, os objetivos, estratégias e procedimentos contidos nas propostas pedagógicas dessas instituições devem fundir-se em um procedimento de ação mais específico e contextualizado. O professor deve passar a olhar para a criança em sua totalidade, levando em conta suas potencialidades físicas e emocionais no momento em que planeja sua atuação pedagógica.

Tendo em vista essas mudanças, a formação de professores e gestores de creches e pré-escolas é necessária para que esses profissionais se situem em seu âmbito de atuação, articulando seu trabalho ao dos educadores de escolas de ensino fundamental. A inclusão de crianças de 6 anos no ensino fundamental requer diálogo entre educação infantil e ensino fundamental, diálogo institucional e pedagógico, dentro da escola e entre as escolas, com alternativas curriculares claras.

Todas essas transformações acabam por levar o coordenador pedagógico que atua nesse segmento educacional a buscar subsídios para se adaptar a essas especificidades. Reconhecer esse quadro de mudanças é fundamental para que tal profissional contextualize sua prática, que vem sendo constituída no bojo desses movimentos de mudanças políticas, históricas e sociais.

O coordenador pedagógico e as interfaces de sua atuação nesse rico cenário chamado educação infantil

Ao analisar as necessidades de mudança e adaptação do papel do coordenador pedagógico em relação às especificidades da atual educação infantil brasileira, buscamos em Freire uma reflexão:

> [...] é desvelando o que fazemos desta ou daquela forma, à luz de conhecimentos que a ciência e a filosofia oferecem hoje, que nos corrigimos e nos aperfeiçoamos. É a isso que chamo pensar a prática e é pensando a prática que aprendo a pensar em praticar melhor (1994, p. 37).

Pensar a própria prática remete o coordenador pedagógico a buscar algo que vai além de se adaptar às mudanças políticas, econômicas e sociais; ele deve adequar essas mudanças juntamente com o grupo de professores com o qual atua, encaixando-as no contexto do local onde trabalha. Pensar a prática "melhor" implica que o coordenador pedagógico busque, por meio da formação continuada em serviço, qualificar os profissionais que acompanha, instigando-os a conhecer as concepções teóricas que vigoram no âmbito da educação infantil atual, provocando movimentos de conscientização em relação ao papel educativo que exercem de forma dinâmica, permanente e sistemática na construção do conhecimento.

Acreditamos que uma das formas mais eficazes de atuação do coordenador pedagógico no âmbito educacional é o papel de formador, e no meio educação infantil esta premissa não é diferente, pois, ao exercer o papel de formador, o coordenador pedagógico pode realizar um trabalho coletivo, articulado e integrado com a equipe educativa, investindo na formação continuada do professor na própria escola, estimulando-o a perceber que as propostas transformadoras resultantes do processo de formação continuada fazem parte do projeto da escola, estabelecendo uma parceria de trabalho com o professor que possibilite a tomada de decisões por parte desses atores capaz de garantir o alcance de metas em comum, bem como a efetividade para alcançá-las. Por um lado, o professor se compromete com seu trabalho (com a criança); por outro, o coordenador pedagógico tem a possibilidade de rever seu papel, historicamente atribuído, de supervisionar, de deter informações, compartilhando experiências no pensar e no agir com o professor, o que cria possibilidades efetivas de aprenderem juntos, de complementarem o olhar, de alinharem as perspectivas de atuação com as crianças pequenas de forma menos fragmentada e distante das reais necessidades curriculares, pedagógicas e institucionais que a educação infantil apresenta.

Alinhar as perspectivas de atuação com as crianças junto com os professores de educação infantil significa que o coordenador pedagógico deve estimular os professores, por meio do estudo, bem como pela troca de experiências e conhecimentos, a se apropriarem de uma concepção de cuidado aliado à educação que permeie o trabalho pedagógico desenvolvido, reforçando a ideia de que o apoio a processos de trabalho coletivos e à reflexão permanente sobre as teorias subjacentes às práticas, aliado à problematização destas últimas, contribui para romper com algumas práticas cristalizadas na educação infantil, minimizando muitos dos constrangimentos advindos do cotidiano vivido no trabalho institucional.

A atuação do coordenador pedagógico/formador colabora para a transformação da/na educação infantil na medida em que suas intervenções com os professores podem auxiliá-los a superar a visão dicotômica que ainda repousa sobre as questões do cuidar e do educar, provocando movimentos de conscientização que podem auxiliar o professor a explicitar em sua prática os princípios elaborados a partir dele mesmo, de sua formação e da troca de experiências com seus pares.

Acreditar que o coordenador pedagógico pode ser um agente de mudanças, trazendo importantes contribuições para a formação profissional e pessoal do professor de educação infantil, implica que este profissional estabeleça coletivamente espaços que possibilitem a interação e o desenvolvimento pessoal/profissional do professor articulados entre si, de forma sistêmica e intencional, valorizando os conhecimentos prévios e as experiências de vida dos professores que acompanha, para que dessa forma esses profissionais se apropriem de seu processo de formação, estabelecendo relações entre o conhecimento apropriado e sua história de vida, revelando em sua prática pedagógica os movimentos de conscientização profissional alcançados.

Todavia, para articular um processo de formação continuada em serviço, o coordenador pedagógico precisa olhar antes de tudo para o educador em sua totalidade (cognição/afetividade), conhecendo, respeitando e considerando sua história de vida, sua bagagem cultural, suas experiências e seus valores pessoais, articulando os professores e suas concepções, a realidade da instituição na qual atuam, considerando suas concepções pessoais e as propostas pedagógicas adequadas às crianças pequenas.

Acreditamos que tais procedimentos não são facilmente praticados. Embora fazendo parte da mesma etapa educativa, o professor de creche não se constituiu da mesma forma que o professor pré-escolar. A ascensão desses profissionais ocorreu de formas e em tempos diferentes; o professor que atua com as crianças maiores obteve reconhecimento profissional bem antes de o educador que atua com crianças de 0 a 3 anos de idade. O reconhecimento deste último profissional como educador é ainda muito recente e concebido no imaginário popular de forma indefinida.

Formar o professor em serviço implica que o coordenador pedagógico dialogue com ele continuamente no cotidiano da escola, lidando com emoções e sentimentos dele próprio e do professor que acompanha. Há de se concordar com a concepção walloniana de que o indivíduo é um ser inteiro, não fragmentado. Assim, essa totalidade, tanto do professor como do coordenador pedagógico, deve ser considerada no processo de formação continuada que ambos vivenciam no contexto da educação infantil.

Dialogar e ouvir ativamente para integrar e transformar a prática: ações importantes que permeiam o fazer do coordenador pedagógico da educação infantil

Dialogar com o professor e ao mesmo tempo ouvi-lo ativamente, conversar com as famílias dos alunos, ouvir seus anseios e repassá-los à equipe gestora, adequando as ações pedagógicas às demandas da escola, das famílias, dos educadores e alunos aponta para uma competência importante que deve fazer parte da atuação do coordenador pedagógico: a comunicação. A arte de se comunicar implica também ouvir ativamente, apreendendo o contexto de forma sensível e multifacetada, o que pode gerar decisões mais seguras e assertivas.

A competência de se comunicar pode auxiliar o coordenador pedagógico da educação infantil a estender o diálogo para o ensino fundamental e o ensino médio, promovendo a troca de experiências, conhecimentos, anseios e atitudes entre os professores e coordenadores pedagógicos, ações que promovem o crescimento mútuo, a compreensão do "fazer do outro" e, consequentemente, a integração do trabalho pedagógico, trazendo ganhos importantes para os alunos e profissionais envolvidos no processo educativo.

Comunicar-se com a equipe educativa cuidando das relações interpessoais requer que o coordenador pedagógico desenvolva ações integradas e articuladas. O movimento do coordenador pedagógico em sua atuação articuladora e integradora é o de lidar com saberes plurais, heterogêneos, personalizados e situados dos professores da educação infantil. Reconhecemos que esse movimento requer energia, porém é fundamental na atuação do coordenador pedagógico, que, na qualidade de formador de professores atenda à consideração de Wallon: em colaboração com os seus alunos, conhecê-los, "se não nas particularidades da sua vida individual, pelo menos segundo as classificações entre as quais é possível distribuir as existências individuais" (WALLON 1975, p. 224).

Articular as relações interpessoais de forma a se comprometer com o desenvolvimento dos professores envolve as relações com alunos, famílias e comunidade, ações que, se bem encaminhadas, podem trazer importantes transformações tanto na atuação pedagógica do professor de educação infantil como na maneira de as famílias dos alunos, a equipe gestora e os demais professores (ensinos fundamental e médio) olharem para essa importante etapa da educação básica.

O coordenador pedagógico parceiro e suas possibilidades de ação no contexto da educação infantil

Proporcionar o diálogo entre os envolvidos direta e indiretamente no processo educativo da criança (professores da educação infantil, professores e coordenadores de outras etapas educativas, famílias, equipe gestora e demais envolvidos na tarefa de educar), atrelando ações formadoras, articuladoras, integradoras e transformadoras exige uma postura parceira do coordenador pedagógico.

Essa postura é constituída conforme o contexto e o parceiro com quem esse profissional lida. A primeira e quiçá mais importante parceria é aquela estabelecida entre o coordenador pedagógico e o professor.

Segundo o dicionário *Houaiss* (2001), a palavra parceria significa "reunião de indivíduos para alcançar um objetivo comum, companhia, sociedade". Ao estabelecer uma parceria, tanto o professor como o coordenador pedagógico possuem objetivos em comum, entre eles o sucesso das ações pedagógicas, a execução prática do projeto político pedagógico, a busca de metodologias eficientes que respeitem o ritmo de aprendizagem e as particularidades dos alunos, entre outros.

E quais seriam os laços que selam tal parceria? Um deles se relaciona à dimensão formativa da ação do coordenador pedagógico. O processo de auxiliar o professor a refletir sobre a própria prática, olhar para o seu fazer, procurando se movimentar no sentido da conscientização acaba por ser uma ação de duplo benefício, pois, a partir das reflexões do professor, o coordenador pedagógico também pode se perceber, refletindo sobre importantes pontos relacionados ao seu fazer, mantendo posturas assertivas, modificando atitudes que não estão dando certo e fazendo encaminhamentos pertinentes diante das situações reveladas.

Esse laço de parceria se constrói por meio de vínculos de confiança e intencionalidade, que tornam os processos formativos espaços de construção por meio de relações pedagógicas e pessoais cognitiva e afetivamente significativas. Devido ao fato de o coordenador exercer uma função na qual as relações interpessoais preponderam, pode-se afirmar que também é um profissional das relações, pois precisa estar próximo, trocar experiências, ser um aliado dos professores que estão sob seus cuidados profissionais.

É importante que o coordenador pedagógico estabeleça outros laços de parceria no meio escolar. A parceria com coordenadores pedagógico-educacionais envolvidos em outras etapas do ensino garante a ideia de continuidade das ações pedagógicas, colaborando para a eficiência do processo educativo pelo qual passam os alunos. Além das relações de parceria com os atores que fazem parte da equipe gestora, é importante que o coordenador pedagógico busque outras parcerias. Dialogar com os demais atores que fazem parte do contexto escolar — inspetores, porteiros, serventes e outros colaboradores — pode trazer diferentes olhares ao coordenador pedagógico em relação ao processo de aprendizagem pelo qual passam as crianças, principalmente aquelas que fazem parte da educação infantil, pois estão aprendendo a se socializar, comunicando-se por meio de múltiplas linguagens.

O estabelecimento de parcerias entre o coordenador pedagógico e os demais atores que fazem parte do contexto escolar remete-nos ao conceito de grupo. O convívio do indivíduo em grupos é fundamental para a integração do sujeito ao meio sociocultural. A afirmativa de Wallon em relação ao conceito de grupo será esclarecedora para a discussão que apresentaremos a seguir:

> Um grupo não se define abstratamente, sua existência não está relacionada a princípios formais nem sua estrutura é explicada por um esquema universal. Temporários ou duráveis, todos os grupos se atribuem objetivos determinados, dos quais depende sua composição; da mesma forma, a repartição de tarefas regula as relações dos membros entre si e, na medida do necessário, sua hierarquia (1986, p. 174).

O grupo propicia a regulação do comportamento e das atitudes do indivíduo em relação ao meio e ao outro com o qual congrega esforços para garantir um objetivo comum. É por meio do confronto entre o individualismo e o coletivismo que o grupo ganha vida. Apesar de o grupo confluir com o meio, este ainda prevalece, pois é a partir dos meios (conjuntos de circunstâncias físicas, humanas ou ideológicas) que os grupos agem e reagem.

Wallon assinalava que o grupo não se baseia somente nas relações interpessoais. O grupo impõe obrigações a seus membros, fazendo-os conflitar internamente, modificando comportamentos, trazendo valiosas aprendizagens de relações e sentimentos sociais, tornando-se um espaço privilegiado das relações no qual ocorre simultaneamente a construção do individual e a do coletivo, recriando-se a cultura, os mitos, as crenças e as tradições.

A compreensão do sentido de grupo traz ao coordenador pedagógico elementos indispensáveis para a elaboração de um projeto de formação continuada em serviço a seus professores, pois esta concepção faz que seu olhar se direcione em dois sentidos: do sujeito professor para o grupo e do grupo de professores para o sujeito, fornecendo situações provocadoras de reflexão sobre a prática de forma individual e coletiva para que os membros do grupo se afetem mutuamente, provocando modificações positivas de comportamento que levarão a intervenções pedagógicas mais conscientes e, portanto, mais eficientes.

Considerações finais ou partilha de ideias

Discorrer sobre algumas maneiras de atuação do coordenador pedagógico no contexto da educação infantil nos faz refletir sobre o caráter multifacetado de suas ações, entre elas uma das mais importantes: a de "formar o professor". Acreditamos que formar é diferente de informar. Embora a informação seja necessária, ela não é suficiente para a construção de novos conceitos e procedimentos profissionais de que tanto carecem os atores que fazem parte da educação infantil. Toda formação é baseada em processos de reflexão sobre a ação. Tanto o professor como o coordenador pedagógico carregam consigo saberes diversos e são capazes de explicar os motivos que os levaram a pensar sobre o seu trabalho e, portanto, agir de determinada maneira. Tais conhecimentos são o ponto de partida para qualquer reflexão.

O acompanhamento dos professores, o estabelecimento de uma parceria com esses atores baseada em princípios de troca de experiências e complementaridade de ações, em que cada um atualiza o que existe em potência no outro, o olhar atento sobre o trabalho executado, a escuta ativa, a apreensão desse profissional completo, considerando seus saberes, sua afetividade e sua cognição, refletem a vontade de o coordenador pedagógico compreender os professores que acompanha, pois dessa forma ajuda-os a dar sentido ao que ainda não pode ser observado. Por intermédio do coordenador pedagógico, é possível construir um grupo de professores que se desenvolva utilizando o estudo, a reflexão e a produção coletiva do conhecimento; conhecimento que terá um significado muito especial, pois não foi construído por um, mas por todos aqueles que fazem parte da educação infantil.

No entanto, esse conhecimento é bastante específico: é preciso conhecer o desenvolvimento infantil, as possibilidades de aprendizagem e relacionamento da criança com os estímulos do meio e a importância deste para o seu desenvolvimento e o processo de diferenciação (do meio e do outro). Por intermédio dos relacionamentos que a criança estabelece não só com os adultos, mas também com outras crianças, ela nomeia objetos, imita pessoas ou outros elementos que observou, movimenta-se, toma consciência de seu corpo e descobre suas possibilidades motoras, traça desenhos, começa a se comunicar por meio da escrita, formula perguntas, elabora respostas, constantemente significando o mundo a sua volta, influenciando-o e sendo influenciada por ele.

De posse desse conhecimento, o coordenador pedagógico e o professor de educação infantil poderão fundamentar suas intervenções com mais segurança, superando as visões assistencialista e/ou reprodutora da educação ministrada no ensino fundamental, tradicionalmente utilizadas para nortear o trabalho realizado na educação infantil, atuando no sentido de integrar o *cuidar* e o *educar* em uma só ação, pois cuidar não é um ato isolado nem consiste apenas em atender às necessidades físicas da criança. Embora seja fundamental levar isso em conta, as atividades de cuidado incluem, além disso, criar um ambiente que garanta, ao lado da segurança física e psicológica, a possibilidade de a criança explorar o *meio*, relacionando-se com ele de forma integral. Cabe ao professor a tarefa de criar condições para que a criança se aproprie de novas maneiras de se comunicar e, consequentemente, de novas formas de agir, procurando satisfazer suas próprias necessidades de forma cada vez mais autônoma, o que levará a aprendizagens duradouras e significativas.

Por isso é importante que tanto o professor como o coordenador pedagógico se apropriem de instrumentos intelectuais que possam auxiliar no conhecimento das situações complexas com as quais deparam durante a reflexão sobre sua própria prática, pois dessa forma aprendem a interpretá-la, compreendendo e refletindo sobre a educação e a realidade social de forma comunitária.

A construção coletiva do projeto político pedagógico pode ser um instrumento valioso para comprometer, estimular e valorizar o professor da educação infantil. Ao participar da elaboração desse documento, tanto esse profissional como o coordenador pedagógico que o acompanha aprendem sobre si, percebendo-se nas particularidades contextuais nas quais se encontram inseridos.

É importante o coordenador pedagógico perceber que o professor repete com a criança suas próprias experiências infantis; por isso ele precisa se confrontar com um grupo de formação profissional e ser estimulado a reconhecer suas emoções para estabelecer uma relação segura com a criança e também com seus pares. Para que o professor interaja com esse grupo de forma a poder crescer e proporcionar o crescimento coletivo, é preciso que o coordenador pedagógico assuma sua dimensão formadora, procurando levar a equipe que coordena à reflexão sobre a prática a partir de situações-problema e, fundamentalmente, buscando construir com ela um compromisso com o próprio processo de formação e profissionalização.

Refletir sobre o uso da história da educação infantil, bem como suas particularidades, como conteúdo e estratégia de formação, pode se tornar um importante instrumento de ação nas mãos do coordenador pedagógico, sendo o compromisso e o envolvimento com o trabalho um de seus pressupostos para qualificar a prática pedagógica no interior desse tipo de instituição.

Por isso, proporcionar uma formação em serviço centrada na escola, considerando suas singularidades e características educativas, permitindo que os próprios professores disponham de um conhecimento aprofundado e concreto em relação a sua organização, elaborando um diagnóstico sobre seus problemas e suas dificuldades, mobilizando suas experiências, saberes e ideias para refletir sobre eles e posteriormente aplicá-los em possíveis soluções são todas tarefas que cabem ao papel do coordenador pedagógico não somente da educação infantil, mas dos demais segmentos educacionais.

Acreditamos que a profissionalização do educador infantil não se encontra ligada simplesmente à formação, mas ocorre também com a experiência, com a aprendizagem cotidiana, com as interações construídas com diferentes atores e que conduzem a formas de intervenção em situações específicas. Não é um caminho a ser trilhado individualmente, mas um processo grupal de aperfeiçoamento que continua por todo o período de atuação profissional.

Argumentar sobre a atuação do coordenador pedagógico desse segmento específico nos permite trazer elementos para pensar a prática em educação infantil administrada em creches e instituições pré-escolares, especificamente no que concerne à formação do educador e do coordenador pedagógico que o acompanha.

Entendendo a reflexão sobre a prática como uma importante dimensão formadora dos profissionais da educação de um modo geral; cumpre chamar a atenção para a complexidade das relações que ocorrem no interior de uma instituição educativa, sobretudo nesse processo de construção de novos referenciais para a educação infantil, marcado por indefinições que produzem insegurança quanto ao próprio desenvolvimento do trabalho formativo, impondo desafios das mais diversas ordens ao coordenador pedagógico, alguns deles registrados neste texto.

Envolver os educadores na confecção da proposta pedagógica da educação infantil, na condição de protagonistas, não repetindo a dicotomia entre o pensar e o fazer, e principalmente acreditando que esses profissionais têm competência e muito a falar sobre os saberes que adquirem em suas práticas, é um dos principais papéis do coordenador pedagógico que atua com professores de crianças de 0 a 5 anos de idade.

Valorizar o vivido, as experiências dessas pessoas — incentivando o trabalho coletivo, a construção do conhecimento partilhado, baseado na troca de experiências entre os educadores, em que um professor possa aprender com o outro e consigo mesmo, compartilhando evidências e informações, buscando soluções para questões cotidianas por meio da reflexão coletiva e individual — consiste em outra das inúmeras facetas da atuação do coordenador pedagógico, pois sabemos que para adentrar o universo de riquezas trazido pela educação infantil é preciso compreender a multiplicidade de ações e suas interfaces, que só têm sentido se analisadas em sua totalidade.

Referências bibliográficas

BRASIL. *Ministério da Educação e Cultura*. Lei Federal n° 9.394, de 20 de dezembro de 1996. Disponível em: <www.mec.gov.br>. Acesso em: 22 dez. 2009.

_____. *Ministério da Educação e Cultura*. Lei Federal n° 11.274, de 6 de fevereiro de 2006. Disponível em: <www.mec.gov.br>. Acesso em: 2 nov. 2009.

FREIRE, Paulo. *Professora sim, tia não — Cartas a quem ousa ensinar*. São Paulo, Olho d'Água, 1994.

HOUAISS, Antônio, UILLAR, Mauro Sales. *Dicionário Houaiss da língua portuguesa*. Rio de Janeiro, Objetiva, 2001.

KRAMER, Sonia. As crianças de 0 a 6 anos nas políticas educacionais no Brasil: educação infantil é fundamental. *Educação & Sociedade*, Campinas, v. 27, n. 96 (out. 2006) 797-818.

WALLON, Henri. *Psicologia e educação da infância*. Lisboa, Estampa, 1975 (coletânea).

_____. Os meios, os grupos e a psicogênese da criança. In: WEREBE, Maria José G., NADEL-BRULFERT, Jacqueline (orgs.). *Henri Wallon*. São Paulo, Ática, 1986.

O coordenador pedagógico e a formação docente: possíveis caminhos

Patrícia Regina Infanger Campos[1]
patriciainfanger@gmail.com
Ana Maria Falcão de Aragão[2]
anaragao@terra.com.br

Introdução

Este texto tem como objetivos principais problematizar a atuação do coordenador pedagógico no desenvolvimento de suas funções no espaço escolar e discutir possibilidades de sua atuação como corresponsável pela formação docente.

O cotidiano escolar é repleto de situações emergentes e pontuais, que preenchem o dia a dia do coordenador pedagógico. Atender alunos, pais e professores, planejar reuniões, agendar estudos de meio, registrar os processos do projeto pedagógico, atender às constantes solicitações do Departamento Pedagógico, escrever bilhetes sobre diversas atividades para os alunos, organizar e reorganizar o calendário escolar, coordenar as reuniões de conselho de classe

---

1. Pedagoga; mestre em Educação pela Universidade Estadual de Campinas (Unicamp); orientadora pedagógica da Rede Municipal de Educação de Campinas; autora da dissertação de mestrado em que este texto está fundamentado.
2. Psicóloga, doutora em Educação, pós-doutorada em Educação pela Universidade de Aveiro (Portugal), livre-docente pela Unicamp, docente do Departamento de Psicologia Educacional da Faculdade de Educação da Unicamp, orientadora da dissertação de mestrado em que este texto está fundamentado.

são algumas das atividades que preenchem o tempo de trabalho do coordenador na escola.

De fato, não há como negar a existência de inúmeros afazeres sob a responsabilidade do coordenador pedagógico, pois eles são constituintes do contexto escolar e é por meio deles que também se consolida o projeto pedagógico. São tarefas de campo da ação que possibilitam o desenvolvimento das atividades pedagógicas da escola.

No entanto, mesmo considerando essa "condição tarefeira" da função do coordenador pedagógico, é necessário que se coloque em discussão a natureza de sua atuação e o desenvolvimento de seu papel na escola. Afinal, em que se diferenciará a atuação de um coordenador pedagógico da atuação de um secretário administrativo, por exemplo, se seu tempo de trabalho for preenchido apenas por questões burocráticas ou procedimentais?

Quando voltada para a formação docente dentro do espaço escolar, a atuação do coordenador pedagógico pode dar visibilidade para seu desempenho e demarcar a importância de sua existência na composição da equipe gestora da escola.

Este texto busca apresentar, portanto, possíveis caminhos para a atuação do coordenador pedagógico voltada para a formação docente no espaço escolar, sistematizados a partir de uma pesquisa para o programa de mestrado da Faculdade de Educação da Unicamp intitulada *A orientadora pedagógica, a atuação e a formação docente: um encontro com Alice e o Pequeno Príncipe*, defendida em dezembro de 2010. Vale ressaltar que na Rede Municipal de Ensino de Campinas o coordenador pedagógico recebe o nome de orientador pedagógico, fato que explica o uso do termo no título da dissertação.

Os dados para a pesquisa foram produzidos nas reuniões semanais de Trabalho Docente Coletivo (TDC) e nas reuniões trimestrais de Conselho de Classe, das quais participavam professoras[3] de 1º a 5º anos e a coordenadora pedagógica da Escola Municipal de Ensino

---

3. O gênero feminino será utilizado sempre que as palavras se referirem às próprias pessoas da pesquisa: professora(s) e coordenadora, em consideração ao

Fundamental "Júlio de Mesquita Filho", ocorridas ao longo de 2008 e no primeiro semestre de 2009. Tais reuniões foram audiogravadas e transcritas. Alguns trechos serão compartilhados neste texto, com a intenção de apontar estratégias utilizadas pela coordenadora para possibilitar a formação docente no espaço escolar.

O coordenador pedagógico e a formação docente

A premissa teórica que sustenta este texto é a de que todo conhecimento é socialmente construído nas relações humanas. É por meio da interação homem/mundo que o ser humano assimila a cultura, atribui significados a suas ações, aprende, constrói conhecimentos, desenvolve-se, transforma-se, partindo sempre do que é socialmente conhecido para o que lhe tem significado individual, ou seja, a cultura é constitutiva do sujeito (VYGOTSKY 1994, 1998).

Assim sendo, a interação entre pares e as trocas de saberes precisam ser a base sobre a qual o coordenador desenvolve sua ação na escola na perspectiva de contribuir para a formação docente.

A escola é espaço essencial de formação tanto para alunos como para professores e demais sujeitos que a constituem, pois, nas palavras de Paulo Freire (1996, p. 25),

> quem forma se forma e re-forma ao formar e quem é formado forma-se e se forma ao ser formado. É nesse sentido que ensinar não é transferir conhecimentos, conteúdos, nem formar é ação pela qual um sujeito criador dá forma, estilo ou alma a um corpo indeciso e acomodado. Não há docência sem decência, as duas se explicam e seus sujeitos, apesar das diferenças que os conotam, não se reduzem à condição de objeto, um do outro. Quem ensina aprende ao ensinar e quem aprende ensina ao aprender.

As inúmeras interações que ocorrem no interior da escola permitem a concretização de processos dialéticos de ensinar e aprender. Professores poderão aprender ao ensinar e se formar ao formar se

---

número majoritário de mulheres que participaram da pesquisa (vinte professoras, a coordenadora/orientadora pedagógica e apenas um professor).

estiverem abertos às diversas possibilidades que o encontro com os diversos sujeitos que fazem parte do cotidiano escolar pode gerar. Se a forma como a escola é culturalmente organizada favorece diferentes interações entre professores e alunos, professores e professores, professores e coordenador pedagógico, bem como tantas outras possibilidades, ao coordenador cabe se apropriar dessa organização e se imbuir dela para planejar e organizar os momentos, instituídos ou não, nos quais os professores se encontrarão para discutir o cotidiano, favorecendo situações de aprendizagem e formação.

Canário (2006) defende a ideia de que o professor aprende sua profissão nas escolas, ao compartilhar com o outro e ao desenvolver seu trabalho. É na realização de seu trabalho diário que o professor aprende sua profissão e se forma: nas tomadas de decisões frequentes e recorrentes, na interlocução com os demais docentes da escola, no planejamento de seu trabalho, na execução de seu planejamento, no momento em que tenta gerar aprendizagem nos alunos, no pensar uma forma adequada para possibilitar que cada um de seus alunos aprenda.

A formação centrada na escola, segundo Canário (2000, p. 80),

> tem como finalidade principal resolver problemas e promover, ao mesmo tempo, o desenvolvimento profissional dos professores e o desenvolvimento organizacional das escolas; ela se materializa na criação e no funcionamento de equipes que trabalham na concretização de um projeto.

A formação centrada na escola implica responsabilidade do professor nos âmbitos individual e coletivo. Quando se trata do coletivo, entram em cena a escola e, juntamente com os demais docentes, o coordenador pedagógico, que tem suas funções voltadas para o entrelaçar de questões do cotidiano escolar com o processo de formação continuada docente.

Geglio (2008, p. 115) contribui nesse sentido em sua reflexão sobre o papel do coordenador pedagógico ao afirmar que ele

> exerce um relevante papel na formação continuada do professor em serviço, e esta importância se deve à própria especificidade

de sua função, que é planejar e acompanhar a execução de todo o processo didático-pedagógico da instituição.

O coordenador tem como núcleo de seu trabalho a discussão, a implementação e a avaliação do que é considerado pedagógico. Precisa do outro para que seu trabalho ganhe visibilidade e sustentação. Não há trabalho de coordenação que seja realizado na individualidade. É no coletivo que o coordenador encontra espaço para a realização de suas funções. Fazer junto pode ser um dos segredos da qualificação da atuação do coordenador.

É tendo em vista essa função que a organização dos tempos e espaços escolares deve ser alinhavada, sempre em busca de proporcionar trocas de saberes entre os participantes, possibilitando que professores compartilhem conhecimentos, didática de trabalho, atividades com os demais membros da escola, para que os saberes ganhem visibilidade no grupo e não fiquem restritos à sala de aula de cada professor, para que deixem de ser saberes "seus", individuais, e se tornem saberes do grupo, coletivos, de toda a escola.

O trabalho do coordenador pedagógico não está predeterminado. É do cotidiano escolar que ele retira as trilhas de seu caminhar, e são muitas as possibilidades e potencialidades. Não há apenas um caminho. O coordenador precisa mesmo se ater ao seu cotidiano e ao grupo de profissionais da escola para juntos delinearem um caminho de ação comum. Se o coordenador se pauta exclusivamente nas políticas públicas e/ou na ausência delas, seu trabalho corre o risco de se tornar esvaziado de sentido, meramente burocrático e cumpridor de tarefas. O coordenador precisa delinear seu trabalho junto com a equipe escolar.

Cabe ao coordenador a função de priorizar o tempo de seu trabalho na escola para o desenvolvimento de ações pedagógicas planejadas intencionalmente tendo em vista a formação docente, pois esta é um

> processo complexo e multideterminado, que ganha materialidade em múltiplos espaços/atividades, não se restringindo a cursos e/ou treinamentos, e que favorece a apropriação de conhecimentos, estimula a busca de outros saberes e introduz uma fecunda inquie-

tação contínua com o já conhecido, motivando viver a docência em toda a sua imponderabilidade, surpresa, criação e dialética com o novo (PLACCO, SILVA 2003, p. 26-27).

A otimização do potencial formador dos contextos de trabalho passa, em termos de formação, pela criação de dispositivos e dinâmicas formadoras que propiciem às experiências vividas no cotidiano profissional transformar-se em aprendizagens, por um processo de autoformação marcado pela reflexão e pela pesquisa individual e coletiva. É essa articulação entre novos modos de organizar o trabalho e novos modos de organizar a formação (centrada no contexto organizacional) que facilita e torna possível a produção simultânea de mudanças individuais e coletivas. Os indivíduos mudam mudando o próprio contexto em que trabalham (CANÁRIO 2006).

Quando o coletivo da escola se apropria de seu fazer, da reflexão sobre seu fazer, da consciência da autoria desse fazer, é possível a formação centrada na escola, é possível a organização de um projeto pedagógico voltado para a aprendizagem de todos. Aragão (2010, p. 245) afirma que a "organização da escola tem que ter espaço para o coletivo existir". A autora afirma também que "é fundamental que se abram (ou se mantenham) espaços para que todos nós possamos refletir coletiva e partilhadamente sobre nossas práticas, dialogando com a situação para questioná-la, promovendo, assim, o inconcluso desenvolvimento profissional e pessoal" (ibid., p. 246).

De maneira geral, existem espaços instituídos nas escolas para a congregação do coletivo, tais como horas de trabalho pedagógico coletivo (HTPCs), reuniões pedagógicas e afins. É preciso que o coordenador, geralmente o profissional responsável pela organização desses momentos, priorize a formação docente, em vez de preencher esse tempo com conversas aleatórias e desconexas a respeito de situações rotineiras e/ou meramente burocráticas.

Os espaços instituídos de formação na escola

Por defender o trabalho coletivo como condição essencial para a formação centrada na escola, na pesquisa de mestrado em que se baseia este trabalho foram analisados os espaços instituídos para trabalho coletivo atualmente existentes na escola EMEF "Júlio de Mesquita Filho", em busca de possíveis estratégias utilizadas pela coordenadora pedagógica para gerar a formação centrada na escola.

Foram analisados dois momentos nos quais as professoras se encontram para discutir a organização do trabalho pedagógico da escola — aqueles em que existe uma intencionalidade em sua organização e sua execução. Momentos que promovem o encontro das professoras para discutir o projeto pedagógico da escola e as intervenções no processo de aprendizagem de cada um dos alunos da escola: as reuniões de Trabalho Docente Coletivo (TDC) e as reuniões de Conselho de Classe.

As reuniões de TDC na rede municipal de Campinas acontecem semanalmente, com duração de uma hora e quarenta minutos. Elas são organizadas pelo coordenador pedagógico — embora sua ausência não inviabilize a realização das reuniões —, e delas participam todos os professores ou a maioria deles. Elas fazem parte da carga horária semanal dos professores, o que significa dizer que a participação de todos os docentes é obrigatória, para cumprimento de sua jornada de trabalho.

O TDC é um momento de reunião estabelecido e regulamentado pela Secretaria Municipal de Educação de Campinas como espaço formativo, embora não existam orientações a respeito de sua forma ou seu conteúdo. Cabe à coordenação pedagógica de cada escola definir a maneira como as reuniões acontecerão. A troca de experiências tem sido o foco principal no qual as reuniões de TDC têm sido organizadas na escola pesquisada. A partilha favorece e fortalece a construção de um grupo que expõe suas ideias, critica, constrói conhecimentos, realiza encaminhamentos e avalia — ações importantes que compõem a discussão pedagógica nesse espaço de reunião coletiva. As pautas das reuniões são definidas de acordo com as prioridades estabelecidas coletivamente no Projeto Pedagógico da escola.

Em relação às reuniões de Conselho de Classe, não existe definição da Secretaria Municipal de Educação de que sejam um espaço formativo dentro da escola, mas elas foram consideradas potencialmente formativas, em virtude do modo como são organizadas e dos desdobramentos que geram no processo pedagógico da EMEF "Júlio de Mesquita Filho".

Acontecem no final de cada trimestre, e nelas cada professora compartilha uma descrição dos saberes dos alunos, descrição que é lida, discutida por todos os presentes e modificada se necessário. As descrições são sistematizadas a partir das produções apresentadas pelos alunos mais ao final de cada trimestre. Elas revelam os conhecimentos adquiridos pelo aluno até aquele momento do ano letivo.

Essas descrições precisam se configurar no retrato fiel das produções dos alunos, por isso cada professora leva para a reunião de Conselho várias atividades produzidas por eles. O foco principal do trabalho é analisar como o aluno apresenta os conhecimentos adquiridos na escola por meio da produção escrita e como o aluno está se utilizando do raciocínio lógico-matemático e abstraindo conceitos dessa natureza.

Cada uma das produções dos alunos é lida e analisada por todos os profissionais presentes na reunião, que relatam suas opiniões a respeito da descrição apresentada pela professora em comparação com a atividade apresentada pelo aluno.

O objetivo dessa troca de saberes entre professoras e equipe gestora é gerar o deslocamento da visão individual de cada professora para um trabalho que é validado e reafirmado pelo coletivo de professoras. Dessa forma, todos os alunos são avaliados por todos os presentes na reunião, o que contribui para maior objetividade na leitura que se faz dos saberes apresentados pelos alunos e impede que a visão individual de cada professora sobre a aprendizagem de cada aluno seja a única. Partindo da leitura e da análise das produções dos alunos, a equipe docente tem clareza a respeito da situação de aprendizagem de cada um deles e determina os rumos do trabalho pedagógico a ser desenvolvido em sala de aula diariamente com o intuito de dar continuidade ao seu processo de aprendizagem.

Por meio das discussões das professoras e da coordenadora nas reuniões de Conselho de Classe é possível definir a continuidade das ações pedagógicas em relação às aprendizagens dos alunos; por exemplo, o encaminhamento de alunos com dificuldades para reforço escolar e a reelaboração do plano de atuação pedagógica voltada para as necessidades pontuais de aprendizagem dos alunos. Essas reuniões funcionam como molas propulsoras do debate pedagógico na escola.

O trabalho da coordenadora pedagógica, descrito anteriormente, já seria capaz de evidenciar sua preocupação com a formação no espaço escolar. No entanto, serão apresentados alguns fragmentos das gravações de tais reuniões de maneira a ilustrar seu teor qualitativo e dar ao leitor a chance de vislumbrar diferentes estratégias que podem ser utilizadas pela coordenadora pedagógica para promover a formação docente no espaço escolar.

Por meio da análise dos dados foi possível localizar diferentes estratégias utilizadas pela coordenadora pedagógica da escola. Estratégias que, embora representem a realidade de uma coordenadora, podem e precisam ser compartilhadas como forma de agregar outras possibilidades para o trabalho formador de coordenação pedagógica, como resultado de um trabalho considerado formador e que pode iluminar outros coordenadores no desenvolvimento de seus trabalhos.

Estratégias de formação docente utilizadas pela coordenadora pedagógica

Quando o coordenador pedagógico tem clareza de que o primordial de suas funções volta-se para a formação docente no espaço escolar, convida os professores a participar de seu processo de formação pelo envolvimento efetivo nas discussões dos projetos, nas decisões e definições dos rumos do trabalho pedagógico da escola. O professor que aceita o convite de formação entrega-se à partilha de saberes e assume a troca de experiências e o planejamento em conjunto como ações efetivas de seu trabalho. Possivelmente esta seja uma primeira e importante estratégia de formação docente: o reconhecimento de que, embora a equipe docente seja composta por pessoas que diferem entre si, é necessária a construção de um projeto comum.

Essa situação pode ser exemplificada por um fragmento da reunião de TDC de 30 de março de 2009, no qual a coordenadora pedagógica explicita a importância de o corpo docente trabalhar no sentido de construir um projeto de escola:

> Eu sei que cada pessoa tem o seu caminhar. Eu sei que há pessoas aqui que se arriscam mais no trabalho coletivo, que se arriscam mais no trabalho de pesquisa, outras em atividades culinárias, outras no artesanato, cada um tem a sua particularidade, mas nós não podemos deixar a escola ser o jeito que cada um trabalha individualmente. Tem um fio condutor que precisa ser o fio da escola: que é o NOSSO conceito sobre aprendizagem, criança, sobre o processo de aprendizagem. Se for só individual, a gente perde a cara da escola.

Importa a intencionalidade da ação pedagógica, conforme defendem Placco e Souza (2008, p. 27):

> Para que ocorram transformações na prática docente, é fundamental a participação do professor e a intencionalidade de sua ação pedagógica. Se essa intencionalidade for engendrada junto às intencionalidades de outros educadores, será possível pensar na efetivação de um projeto político pedagógico da escola. Isso implica que a reflexão de cada professor sobre sua prática docente está na base das transformações dessas relações entre as dimensões integrantes da docência e na base da definição coletiva de um projeto de escola.

Outra estratégia que pode ser sugerida como importante para o trabalho do coordenador pedagógico está explicitada em alguns enunciados da coordenadora e das professoras de 1º a 5º anos da escola. Elas podem ilustrar o caráter de partilha de saberes e experiências entre os participantes nas reuniões de TDC e de Conselho de Classe:

> *Coordenadora*: Vamos apresentar aos colegas o que aconteceu nas reuniões do CONSELHO, para que todos tenham uma visão geral da escola! Sempre após o CONSELHO a gente apresenta os resultados (TDC, 19 de maio de 2008).
> *Coordenadora*: Quem não apresentou o trabalho na semana passada poderia apresentar, então.

Profa. M.: É para falar um pouco sobre as atividades?
Coordenadora: É.
Profa. M.: Se for na sequência, sou eu.
Coordenadora: Não precisa ser na sequência, porque de uma forma ou de outra todo mundo vai falar do trabalho, mas, já que começou, pode continuar (TDC de 6 de março de 2009).
Prof. L.: Eu vou. Bom, pessoal, a Educação Física está mais trabalhando em grupo do que individualmente. Ela é uma atividade muito prática. Sempre com o grupo e na maioria das vezes com atividades práticas. A quantidade de variáveis que interferem no trabalho em grupo é muito grande, tem a questão da afetividade, a questão do gênero (TDC de 6 de março de 2009).
Profa. V.: Eu posso falar. Na sala com os surdos, o mais difícil é fazê-los trabalhar sozinhos. O tempo todo a gente tem trabalhado em grupo por conta da diversidade que tem na sala de aula, das diferenças de idade, conhecimento. Então, a gente está sempre agrupando: 1º ciclo e 2º ciclo. Eles estão sempre com colegas do lado. A gente tem feito atividades mais voltadas para o uso da língua de sinais porque alguns não sabem a língua de sinais, não têm ainda uma padronização da língua (TDC de 6 de março de 2009).
Diretora: Eu ia perguntar para vocês como foi essa semana a primeira aula de Libras.
Profa. T.: Ótimo.
Profa. C.: Os meus alunos treinaram em casa e chegaram no outro dia fazendo para mim. Eles adoraram.
Profa. D.: Eu lembrei daquele poema *As cem linguagens*[4], e para essa faixa etária que a gente tem no período da manhã não tem mesmo barreira (TDC de 6 de março de 2009).
Coordenadora: Olha, estão faltando Marisa, Abadia, Marilei, Denise, Laerte, Tuca, Valéria e Vanessa falarem sobre o seu trabalho. "Só" todos esses... Na semana que vem todos tragam as atividades para que possam apresentar.

---

4. A professora está se referindo a um texto de Lóris Malaguzzi: *As cem linguagens da criança*.

Profa. A.: Todos trouxeram as atividades, é que não deu tempo.
Coordenadora: Ah, eu sei.
Profa. A.: Esse momento do TDC é maravilhoso. Eu estou muito curiosa para saber o que a Valéria está fazendo no Letramento.
Profa. C.: Eu não tinha me planejado para ser a primeira, mas ninguém falava. Eu comecei!
Profa. A.: É maravilhosa essa troca (TDC de 30 de março de 2009).

As passagens citadas revelam diferentes estratégias para o desenvolvimento da formação docente realizadas pela coordenadora e reconhecidas pelas professoras como prática de formação docente no planejamento das reuniões na escola:
- promoção do trabalho coletivo;
- organização dos tempos e espaços escolares de maneira que as professoras possam se encontrar para discutir o pedagógico da escola;
- abertura de espaço nas reuniões de TDC e Conselho de Classe para que as professoras apresentem o trabalho que realizam em sala de aula;
- incentivo à reflexão das professoras a respeito de seu próprio trabalho a partir da análise e do registro dos saberes apresentados pelos alunos;
- apreciação do trabalho do outro;
- partilha de opiniões sobre o trabalho do outro;
- promoção de confiança na professora ao reafirmar que o trabalho da coordenadora pedagógica ganha sentido quando é desenvolvido com as professoras.

Na reunião de Conselho de Classe com professoras do 1º ciclo realizada em 12 de maio de 2008 há uma passagem interessante a respeito do trabalho partilhado entre professoras e coordenadora pedagógica. Na ocasião, discutiam-se as atividades de matemática dos alunos dos segundos anos que estavam sendo apresentadas na reunião:

Profa. M.: Quando faltam uns dois, três minutos para terminar a aula, eu pego um giz e vou chamando na lousa e vou falando

os números para eles escreverem. É para exercitar a escrita dos números, né?
Coordenadora: A gente só precisa ver se não se trata de conceito. Precisamos olhar bem se os alunos têm a noção exata da quantidade do número. Se eles não entenderem quanto o 60 representa, por exemplo, é outro tipo de trabalho que tem que ser feito.
Profa. D.: O que se poderia fazer?
Coordenadora: Com o material dourado vocês já trabalharam bastante?
Profa. D.: Não muito, mas trabalhei.
Coordenadora: Com ábaco também dá para trabalhar.
Profa. S.: Com o material dourado dá para ver bem quantidade, né?
Coordenadora: Transpor do material dourado para o papel...
Profa. C.: A gente tem que voltar um tempão. Por isso que eu estou com material dourado e ábaco na minha sala. Quando eu dou uma atividade e percebo alguma dificuldade, eu volto para o concreto. Por isso eu uso muito esse material.
Coordenadora: Precisamos ter esse material na sala mesmo.

A intervenção da coordenadora é direta, com dicas e orientações sobre que tipo de material as professoras podem utilizar para desenvolver o conceito de número. Ela chama a atenção do grupo para o que a professora M. diz: *vou falando os números para eles escreverem; é para exercitar a escrita dos números*. Posiciona-se dizendo que existe diferença entre os alunos saberem de maneira decorada a sequência numérica e saberem o quanto cada número representa. *A gente só precisa ver se não se trata de conceito.*

Essa diferença representa também a necessidade de explorar outro tipo de material, e como novamente diz *é outro tipo de trabalho que tem que ser feito*. A professora D. emenda sua pergunta: *O que se poderia fazer?*. Pede orientação à coordenadora a respeito de como realizar o trabalho pedagógico na área da matemática com os alunos. A professora busca informações para sua formação, quer saber se o que tem feito tem sido suficiente para que seus alunos aprendam matemática.

A resposta à questão da professora D. é dada tanto pela coordenadora quanto pelas professoras C. e S., o que indica que a formação centrada na escola pode ser voltada para a função da coordenadora, mas quando esta profissional compartilha suas experiências com as professoras e desenvolve seu trabalho de maneira a favorecer a participação das professoras em seu processo de formação, fica muito tranquilo a coordenadora propor uma sugestão e as professoras também fazerem suas sugestões da mesma forma, sem que haja a necessidade de demarcar o lugar da hierarquia daquela que fala.

Para gerar formação centrada na escola, são compartilhadas diferentes responsabilidades. Cada membro da equipe docente precisa se sentir confiante a ponto de analisar o trabalho do outro e poder emitir sua opinião. Somente em uma relação de confiança é possível que professora e coordenadora se permitam ouvir a opinião do outro como algo construtivo e que ocorre no sentido de agregar novos conhecimentos.

Se confiança não houver, se não for estabelecida relação também de cumplicidade, o efeito inverso poderá ser causado e as opiniões das professoras e também da coordenadora a respeito do trabalho do outro poderão ser entendidas como fiscalização ou perseguição, e nada acrescentarão ao processo formativo. É preciso um movimento de parceria, pois

> o trabalho de parceria, que se constrói articuladamente entre professores e coordenação, possibilita a tomada de decisões capazes de garantir o alcance de metas e a efetividade do processo para alcançá-las. O professor se compromete com seu trabalho, com o aluno, com seu contexto e consigo mesmo (ORSOLON 2003, p. 25).

Também é importante considerar na organização dos tempos escolares momentos em que professores de mesmo ano tenham possibilidade de trocar saberes entre si, nos quais o coordenador também possa compartilhar o trabalho dos professores, proporcionando situações de fazer juntos o trabalho pedagógico. A valorização do trabalho coletivo gera confiança e possibilita o exercício da avaliação coletiva, da crítica e da autocrítica, de maneira que as professoras possam compartilhar seus saberes, que passam a ser apreciados e discutidos por todo o grupo.

Essa organização favorece outras estratégias importantes de trabalho:
- a promoção da autonomia no grupo para que as professoras assumam a autoria do trabalho que realizam;
- a promoção do compromisso de cada profissional com o coletivo de educadores e gestores;
- a congregação de diferentes intencionalidades para promover transformações no projeto pedagógico da escola.

Tudo isso poderá ocorrer se, por exemplo, houver abertura de espaço nas reuniões de TDC e Conselho de Classe para que os professores apresentem o trabalho que realizam em sala de aula. Por meio da apreciação do trabalho do outro e da partilha de opiniões sobre o trabalho do outro, pode haver o favorecimento de trocas voltadas para a avaliação do trabalho de cada um, trocas que contribuam para a superação da visão individualizada da escola e para vislumbrar uma visão coletiva da escola.

No processo de análise dos dados para a pesquisa, verificou-se que somente foi possível existir trabalho coletivo na escola pesquisada por haver confiança entre os elementos do grupo e pelo fato de a coordenadora trabalhar junto com as professoras.

A análise também possibilitou a descoberta de que o trabalho do coordenador pedagógico somente se fortalece quando é feito junto com o outro. As funções do coordenador não se efetivam sem a partilha com os professores, pois um trabalho que se faz coletivamente, mesmo que de lugares diferentes e com responsabilidades diferentes, precisa da partilha para se efetivar.

Destaca-se aqui um fragmento da reunião de Conselho de Classe ocorrida no primeiro trimestre de 2008, com a participação de professoras do 2º ano do 1º ciclo, que pode servir como exemplo sobre como a coordenadora pedagógica desenvolve estratégias de formação em seu trabalho com as professoras:

> *Coordenadora*: Depois, eu quero corrigir a prova com vocês. Deixa passar esse tempo de Conselho de Classe, que na próxima

semana a gente marca um daqueles momentos que a gente tem para conversar para fazer isso.
Profa. D.: No fim, a gente ficou com uma aula só para se encontrar.
Coordenadora: Nós vamos precisar encontrar um horário para ficarmos juntas. Eu quero corrigir a prova com vocês, para que a gente possa discutir os resultados junto com a correção.

No final da reunião de Conselho, as professoras D. e M. comentavam a respeito da necessidade de corrigirem a Provinha Brasil[5] de seus alunos de 2º ano. Havia uma data estabelecida pela Secretaria de Educação de Campinas para a entrega dos resultados. Havia um prazo a cumprir. Na passagem transcrita, a coordenadora e uma das professoras conversavam sobre o fato de a coordenadora dispor-se a corrigir as provas junto com elas.

Embora a correção das provas seja uma função das professoras dos alunos, quando a coordenadora diz *eu quero corrigir a prova com vocês* revela que pretende dividir essa função com elas. Esse enunciado se volta para a importância de a coordenadora compartilhar o momento da correção das provas porque desejava aproveitar aquela experiência para juntas discutirem os resultados dos alunos, fato explicitado na passagem que se segue: *Eu quero corrigir a prova com vocês, para que a gente possa discutir os resultados junto com a correção*.

Esses dois recortes dos enunciados da coordenadora demonstram que ela compreende que mais importante do que avaliar é saber como interpretar os dados revelados pelas avaliações. Ela queria garantir que os dados colhidos fossem analisados e trouxessem pistas às professoras sobre como deveriam planejar seu trabalho em sala

---

5. A Provinha Brasil é um instrumento de avaliação em âmbito federal aplicado em alunos que frequentam o segundo ano do ensino fundamental. Ela acontece no primeiro e no terceiro trimestres. Os resultados são encaminhados para a Secretaria de Educação, que analisa os dados e os devolve para discussão na escola. Seu objetivo é acompanhar o processo de alfabetização dos alunos. Retorna para a escola para que as professoras tenham condições de intervir na aprendizagem dos alunos tendo em vista a alfabetização.

de aula, para que os alunos continuassem em desenvolvimento de seu processo de aprendizagem.

A intenção, naquele caso, era utilizar o motivo da correção em discussão pedagógica, discussão das intervenções pedagógicas das professoras com seus alunos. Ao avisar às professoras que desejava corrigir as provas junto com elas e poder compartilhar os momentos de discussão dos dados, a coordenadora estava lançando mão de uma estratégia de formação cujo objetivo era levar as professoras a reconhecer seus saberes ao analisar as provas e perceber que, ao trocar informações, teriam ainda a possibilidade de agregar outros saberes ao seu patrimônio experiencial.

Fato importante a ser mencionado, e que também é capturado na passagem descrita, diz respeito à importância de que esses momentos de trocas de saberes entre professoras e coordenadora (o trabalhar em conjunto) aconteçam periodicamente.

Canário (2006, p. 66) destaca a importância do grupo e do trabalho coletivo no processo de formação centrada na escola:

> O que torna pertinente que o funcionamento da escola, entendida com uma organização de trabalho, possa ser "lido" como um processo de aprendizagem coletiva e a escola considerada como uma organização "aprendente" é o fato de as práticas profissionais e os modos de interação entre profissionais serem "emergentes" dos contextos de ação coletiva. Nesta perspectiva, é possível, e adequado, considerar o processo de formação profissional em contexto de trabalho coincidente com um processo amplo de socialização profissional, o que nos permite sustentar que é nas escolas que os professores aprendem o essencial de sua profissão. [...] A formação profissional dos professores passa a ser, basicamente, uma reinvenção de novos modos de socialização profissional, desenvolvendo nos contextos de trabalho uma dinâmica com uma vertente dupla: por um lado, formativa e, por outro, de construção identitária.

O processo de formação centrada na escola acontece quando do contexto de trabalho emergem possibilidades diferenciadas de ação coletiva geradas pela socialização profissional.

Quando a organização do cotidiano escolar permite o encontro dos professores para socializar as experiências profissionais e dialogar sobre os processos de aprendizagem dos alunos, a escola torna-se uma instituição aprendente. Torna-se espaço privilegiado de aprendizado também daqueles que têm a função de ensinar. Professores e também o coordenador aprendem e se formam quando planejam suas ações, quando propõem alternativas para o trabalho, quando avaliam suas interlocuções com o intuito de redimensioná-las.

Considerações finais

Num contexto em que o trabalho coletivo é a base, os professores perdem o medo de se expor e de apresentar suas ideias. Todos constroem sua identidade própria e, ao mesmo tempo, formam-se coletivamente.

O maior ganho do trabalho do coordenador ocorre quando ele deixa de ser o ensinante para se tornar o aprendente na ação conjunta com os professores, quando aposta na liberdade de ação dos professores delineada pela definição conjunta dos rumos do trabalho da escola: "quanto melhor o homem compreende a sua determinicidade (a sua materialidade), tanto mais se aproxima da compreensão e da realização de sua verdadeira liberdade" (BAKHTIN 2003, p. 374-375).

Dessa forma, também é possível afirmar que o coordenador tem muitas possibilidades de se formar na escola. Ele também aprende a ser um melhor coordenador quando organiza as reuniões, quando faz parcerias com a equipe gestora e os professores e quando encaminha os rumos do trabalho pedagógico juntamente com os professores e a equipe gestora.

Por isso tudo, muito embora o cotidiano escolar esteja sempre repleto de situações e tarefas árduas para o coordenador, ele precisa ter clareza de que tem a possibilidade de fazer escolhas em suas ações e precisa acabar com a enxurrada de desculpas que são dadas pelos trabalhos não feitos, pelos resultados que não foram os esperados, pelas ações que não foram concretizadas porque sequer foram planejadas.

Há sempre muito que fazer. Mas há que se fazer junto. Há que ser significativo para o outro. Caso contrário, não há razão de ser, não há projeto comum. É preciso, ao coordenador e também à equipe gestora, organizar os espaços e tempos da escola com a intenção de gerar trocas entre os professores, estudo, planejamento, pesquisa. É preciso favorecer o coletivo, para que possíveis caminhos de formação docente possam ser trilhados no interior da escola.

Referências bibliográficas

ARAGÃO, A. M. F. *Reflexividade coletiva: indícios de desenvolvimento profissional docente*. Tese (Livre-docência). Campinas, Universidade Estadual de Campinas, Faculdade de Educação, 2010.

BAKHTIN, M. *Estética da criação verbal*. 4. ed. São Paulo, Martins Fontes, 2003.

CANÁRIO, R. *A prática profissional na formação de professores*. INAFOP: "Colóquio sobre Formação Profissional de Professores no Ensino Superior". Aveiro, 24 nov. 2000.

_____. *A escola tem futuro?* Das promessas às incertezas. Porto Alegre, Artmed, 2006.

FREIRE, P. *Pedagogia da autonomia*: saberes necessários à prática educativa. São Paulo, Paz e Terra, 1996.

GEGLIO, P. C. O papel do coordenador pedagógico na formação do professor em serviço. In: PLACCO, V. M. N. DE S., ALMEIDA, L. R. *O coordenador pedagógico e o cotidiano da escola*. 5. ed. São Paulo, Loyola, 2008.

ORSOLON, L. A. M. O coordenador/formador como um dos agentes de transformação da/na escola. In: ALMEIDA, L. R., PLACCO, V. M. N. DE S. *O coordenador pedagógico e o espaço da mudança*. 3. ed. São Paulo, Loyola, 2003.

PLACCO, V. M. N. DE S., SILVA, S. H. S. A formação do professor: reflexões, desafios, perspectivas. In: BRUNO, E. B. G., ALMEIDA, L. R., CHRISTOV, L. H. (org.). *O coordenador pedagógico e a formação docente*. 4. ed. São Paulo, Loyola, 2003.

PLACCO, V. M. N. DE S., SOUZA, V. L. T. Desafios ao coordenador pedagógico no trabalho coletivo da escola: intervenção ou prevenção? In: PLACCO, V. M. N. DE S., ALMEIDA, L. R. (org.). *O coordenador pedagógico e os desafios da educação*. São Paulo, Loyola, 2008.

VYGOTSKY, L. S. *A formação social da mente*. 5. ed. São Paulo, Martins Fontes, 1994.

_____. *Pensamento e linguagem*. 2. ed. São Paulo, Martins Fontes, 1998.

Desafios para a prática da formação continuada em serviço

Marly das Neves Benachio[1]
marlybenachio@yahoo.com.br
Vera Maria Nigro de Souza Placco[2]
veraplacco@pucsp.br

> A cada instante há na vida um novo conhecimento a encontrar, uma nova lição despertando, uma situação nova, que se deve resolver.
> CECÍLIA MEIRELES

Para iniciar a discussão sobre algumas exigências que se impõem à prática nos processos de formação continuada em serviço, não podemos deixar de falar da função da coordenação pedagógico-educacional, da concepção de indivíduo assumida pela escola e da relação desse indivíduo com o meio.

O objetivo deste artigo é refletir sobre as implicações da ação do coordenador pedagógico-educacional em um processo de formação continuada em serviço centrada no professor, assumindo-se desde logo que este é o principal sujeito de sua formação. Por outro lado, é fundamental que se compreenda que as ações do coordenador pedagógico-educacional estão imbricadas nas condições oferecidas pela escola para a formação continuada em serviço.

---

1. Coordenadora pedagógico-educacional do Colégio Emilie de Villeneuve; doutora pelo Programa de Educação: Psicologia da Educação, da PUC-SP.
2. Professora titular do Programa de Estudos Pós-Graduados em Educação: Psicologia da Educação da PUC-SP.

Partimos do pressuposto de que, sincronizados, os aspectos acima mencionados favorecem ao professor que participa desses processos formativos tornar-se reflexivo, crítico de sua prática, ético, dotado de curiosidade epistemológica, consciente de seu inacabamento (FREIRE 1997) e em processo constante de aprendizagem (ZEICHNER 1993).

Concepção de professor e a ação da coordenação pedagógico-educacional nos processos de formação continuada em serviço

A formação continuada em serviço é aqui entendida como toda atividade oferecida pela escola com o objetivo de preparar o professor para novas tarefas ou melhorar seu desempenho em suas ações educativas. Placco define a formação continuada em serviço como um

> processo complexo que envolve a apropriação de conhecimentos e saberes sobre a docência, necessários ao exercício profissional, em que se toma a escola como lócus privilegiado para a formação. Parte-se do pressuposto do professor como sujeito capaz de criar e recriar sua própria formação, assumindo-se como protagonista desse processo. Entende-se que a formação é um processo em que o professor vivencia de forma deliberada e consciente a construção de sua autonomia e autoria profissional, em um movimento de ser, pensar e fazer a docência (PLACCO 2010).

Por isso, essas propostas de formação precisam basear-se na crença da coordenação pedagógico-educacional, ou formadores de professores, de que os docentes se constituem numa relação dialética com o meio e com a história, são únicos e singulares (AGUIAR 2001), são sujeitos ativos e capazes de tomar decisões (REY 2003), trazem em si os traços da história, sem perder a singularidade que se expressa em todas as suas ações. Assim, inserido num processo de formação continuada em serviço, o professor constitui e é constituído. Constituir-se e ser constituído significa que o professor imprime características próprias ao seu ambiente de trabalho e, ao mesmo tempo, é afetado pelas marcas da instituição.

Esse processo de constituição do sujeito dá-se numa complexa e dinâmica rede de inter-relações dialéticas dos elementos do meio em que o professor está inserido, tais como sua jornada de trabalho, as relações que mantém no ambiente de trabalho, as tensões, os desconfortos, as convicções e incertezas, as recompensas, as satisfações e os aspectos que dizem respeito, mais especificamente, à sua ação pedagógica, assim como a concepção de educação: seu jeito de ensinar, os conteúdos que ensina, sua forma peculiar de se relacionar com os alunos, com seus pares, com os pais de seus alunos.

Nesta perspectiva, podemos afirmar que o professor se torna professor na relação com o meio, com a instituição escolar de forma singular e única. Portanto, está sempre vulnerável às provocações que recebe. Por isso, na formação continuada em serviço, não podemos desconsiderar o momento histórico que o professor vive: a sociedade em geral, a escola em particular e as condições de vida do docente de que se trata, uma vez que a relação entre professor e instituição escolar interfere mutuamente na constituição um do outro.

O professor em processo de formação continuada em serviço é constantemente confrontado pelos pares, pelos textos que lê, por um filme ou uma palestra a que assiste, pelas exigências da escola. Isso não significa que esse é o único espaço para repensar ou ressignificar sua docência, mas é o espaço que intencionalmente lhe é oferecido pela instituição escolar e sobre o qual estamos refletindo neste texto.

Outro aspecto que não podemos deixar de mencionar é a compreensão do sujeito como um sistema complexo e dinâmico em que se entrelaçam as dimensões biopsicossocial, o que implica olhar para esse indivíduo sem fragmentá-lo, considerando igualmente os aspectos cognitivos, afetivos e relacionais nas ações que realiza.

Compreendendo o docente em sua totalidade e como um ser singular, com uma história também singular, o coordenador estará atento para os movimentos do professor manifestados pelas emoções (envolvimento, [des]interesse, abertura, fechamento etc.) que expressa. As emoções informam o tipo de interação do professor com os pares, a forma de aceitação ou recusa de determinado conteúdo, o interesse ou não por uma atividade, o desejo ou a rejeição de continuar buscando melhorar sua vida profissional, de superar desafios... A emoção revela a lógica da relação do professor com as propostas que estão sendo feitas na formação continuada em serviço e com as orientações da escola.

Em decorrência da concepção de sujeito que aportamos, a emoção é um sinalizador da disposição do professor em relação à atividade proposta. Caberia, então, a pergunta: como administrar situações em que o professor se mantém indiferente, apático e resistente?

Estar atento às emoções pode ajudar o coordenador de um grupo de professores em processo de formação continuada em serviço a regular a continuidade de uma atividade e a intervir junto com o docente, considerando-o em suas peculiaridades.

A constatação do que se passa nesses processos é o primeiro passo, seguida do entendimento de que, por ser singular, o professor pode mostrar-se diferente daquilo que seria o esperado, manifestando-se das mais diversas formas diante de um conteúdo apresentado ou de propostas formuladas. A formação continuada em serviço com um grupo fixo de professores favorece a intervenção da coordenação, na medida em que os processos contínuos oferecem maior possibilidade de as pessoas se conhecerem, de revelarem suas necessidades, ao menos as mais prementes e passíveis de ser detectadas, e de surgirem sugestões de conteúdos mais afins ao grupo, minimizando situações inesperadas. Além disso, o envolvimento dos participantes no processo é outro fator que por si só lhes atribui responsabilidade.

Neste sentido, é benéfica a presença da coordenação pedagógico-educacional — ou de um professor constituído pelo grupo — para articular os projetos trazidos pelos professores. Como elemento mais desenvolvido do par, o formador interfere, questiona, propõe desafios, ajudando o grupo em seu processo. É mediante uma articulação que respeita, recolhe e, conjuntamente, encaminha as questões advindas do grupo de professores que o coletivo se constitui e vai se tornando corresponsável pela formação continuada em serviço.

Nesta perspectiva, que características deve ter a formação continuada em serviço?

Antes de entrarmos na discussão deste subtema, julgamos importante lembrar que a formação de professores é uma expressão recorrente e polissêmica referente aos processos de aprender a ser professor, que abrange todas as fases da formação, tanto dos que se preparam — formação inicial — como dos que já estão atuando como professores — formação continuada ou formação continuada em serviço.

No Brasil, a formação continuada em serviço surgiu (sistematizada) na década de 1970, quando a educação, como outras organizações humanas, viu-se obrigada a responder às mudanças geradas pelo desenvolvimento, buscando atualizar-se.

No decorrer de sua existência, recebeu várias denominações, utilizadas por algum tempo como conceitos equivalentes: formação em serviço, formação contínua, reciclagem, desenvolvimento profissional ou desenvolvimento de professores, capacitação (BORGES 1998), aperfeiçoamento (PRADA 1997), aprofundamento (FUSARI 1997) e educação permanente ou formação continuada (MARIN 1995). Sabe-se, no entanto, que as diferentes nomenclaturas adotadas em programas de formação de professores expressam compreensões e representações diversas do trabalho de formação docente.

À expressão *formação continuada de professores* subjaz a percepção de que o professor não está pronto, vai se construindo. E o qualificativo *continuada* sinaliza que a formação não pode ser concebida senão como uma ação contínua, um processo, sem períodos prefixados para terminar (CHRISTOV 2001), e tem como objetivo ajudar os profissionais a incorporar tal vivência no conjunto dos saberes de sua profissão e, assim, participar ativamente do mundo que os cerca (MARIN 1995).

Deve ser contínua porque a realidade em que o professor está inserido muda, e o saber que ele constrói precisa ser revisto e ampliado sempre (CHRISTOV 2001). Dessa forma, "assume-se que não existe um saber universal, mas sim saberes que se reconfiguram e transmutam vertiginosamente, saberes cada vez mais heterogêneos" (MORGADO 2005, p. 60), daí a importância da formação continuada como "um ato de (re)construção constante" (BORGES 1998, p. 398).

Neste trabalho estamos denominando formação continuada em serviço uma forma alternativa de formação continuada, desenvolvida no interior da própria escola, situada numa realidade escolar específica para professores que têm formação acadêmica universitária e/ou curso de pós-graduação. É uma atividade contínua e sistemática que o professor em exercício realiza com o objetivo de ter um melhor desempenho em suas ações pedagógicas ou de preparar-se para novas tarefas, visando ao desenvolvimento[3] pessoal ou profissional.

Sendo desenvolvida na própria escola e com os professores da instituição, carrega em si os valores, as crenças, as atitudes e a ideologia da instituição na qual se situa, visando essencialmente à formação profissional e pessoal, para que o docente possa desenvolver com eficácia suas tarefas.

Observamos que no processo de formação continuada em serviço dois elementos fundamentais precisam ser analisados em suas implicações: a *instituição*, com seus valores, crenças e ideologia, e o *professor* em busca de formação profissional e pessoal.

Imbernón é enfático ao afirmar que a formação permanente[4] tem como objetivo dar ao professor instrumentos para "modificar as tarefas educativas continuamente, numa tentativa de adaptação[5] à diversidade e ao contexto dos alunos e comprometer-se com o meio social" (2004, p. 72).

Visa a facilitar ao professor a aquisição de ferramentas[6] que o ajudem a superar as adversidades que surgem em sua ação peda-

---

3. Segundo Marcelo Garcia (1999, p. 137), "desenvolvimento tem uma conotação de evolução e continuidade que parece superar a tradicional justaposição entre formação inicial e aperfeiçoamento de professores [...] e pressupõe [...] uma abordagem na formação de professores que valorize o seu caráter contextual, organizacional e orientado para a mudança.

4. Acreditamos que o termo formação permanente, utilizado por Imbernón (2004), pode ser entendido como formação continuada em serviço da forma como nós a entendemos neste texto.

5. Não nos parece que o autor utilizou o termo "adaptação" como sinônimo de passividade em face do meio que o circunda.

6. Ferramentas significam aqui todo conteúdo, como: análise de situação, estudo de uma teoria, discussão de uma experiência, ação desenvolvida por um professor que é socializada com os pares etc.

gógica concreta, porque a sala de aula, conforme nos alerta Placco (2002), envolve aspectos que exigem a atenção do professor: relação professor-aluno, diversidade, metodologia, construção do conhecimento, disciplina/indisciplina, entre outros.

Sabemos, no entanto, que não é suficiente um programa de formação continuada para que o professor se disponha a rever suas práticas pedagógicas. Gatti (2003) corrobora a afirmação que fizemos anteriormente ao alertar que a condição para que haja mudança é considerar os profissionais — docentes — não apenas em sua dimensão cognitiva, mas também seus valores, representações e mesmo a dinâmica relacional.

Reflexões como esta abrem espaço para questionarmos a chamada formação de professores que se apoia unicamente em simpósios, congressos e palestras esporádicas em grandes auditórios, tratando de temas planejados e sugeridos por coordenadores ou gestores. São importantes e podem ser eficazes na medida em que são trazidos para o espaço de formação na escola, situados no contexto de atuação do professor, refletidos, discutidos e analisados com os pares, tendo como parâmetros os princípios educacionais que regem a instituição.

Com esses pressupostos, vamos identificar alguns fatores considerados fundamentais para que a formação continuada em serviço seja um espaço que considere o professor em sua singularidade e em todas as suas dimensões e busque "aprender a interpretar, compreender e refletir sobre a educação e a realidade social de forma comunitária" (IMBERNÓN 2004, p. 56).

Entendida dessa maneira, a formação continuada em serviço agrega novas atitudes e ações; não é apenas um meio de suprir as deficiências trazidas pelos professores da formação inicial ou de resolver os problemas imediatos que surgem no cotidiano da sala de aula, ou da escola em geral, mas tem como objetivo ser

> um espaço de tematização dos problemas concretos à luz da realidade socialmente vivida, aproximando a escola da problematização e da crítica das relações sociais, políticas e culturais que a cercam e atravessam; espaço não de mera aplicação de estratégias prévias, mas de questionamento e reflexão sobre as estratégias pedagógicas,

recriando o sentido coletivo da ação, da corresponsabilização e da autoformação crítica, e possibilitando o repensar da própria condição subjetiva, profissional e política em que os docentes se inscrevem (GARCIA 2003, p. 40).

Assim sendo, a formação continuada em serviço requer condições por parte de quem forma — a instituição que a isso se propõe — e de quem é formado — o docente. Apresentamo-las sistematizadas em três princípios:

a) assegurar a *formação coletiva e contínua* no âmbito da escola em que o professor trabalha;

b) criar um *ambiente propício* à participação efetiva dos envolvidos no processo de formação;

c) ter um *projeto educativo* como referencial de ação para todos os que trabalham na unidade educacional.

Vamos desenvolver cada um destes princípios, buscando compreender os desdobramentos que trazem para a formação continuada em serviço, para o coordenador pedagógico-educacional e para os professores nela envolvidos.

a. Assegurar a *formação coletiva e contínua* no âmbito da escola em que o professor trabalha

Para assegurar a formação coletiva e contínua no âmbito da escola em que o professor trabalha é necessário que a instituição escolar — representada pela coordenação pedagógico-educacional — faça opção pela formação continuada em serviço e, concretamente, crie condições para que todos os professores possam, efetivamente, participar. E criar condições significa remunerar o tempo da reunião, definir o tipo de formação continuada em serviço, convencer o professor a participar das reuniões e tornar essas reuniões sistemáticas.

Se instituída e assumida pela instituição dessa forma, as chamadas reuniões pedagógicas sistemáticas podem ser um dos espaços de formação continuada em serviço para os professores em exercício. Ser aprovada pelos gestores implica vincular as horas de formação ao salário: este é o primeiro passo para poder agregar os outros itens que formam o tripé, sem os quais não se pode pensar em formação continuada em serviço.

Passamos ao segundo passo: o convencimento do professor, que não é feito diretamente, mas pelo "[...] modo como o trabalho de formação é estruturado e o espaço nele propiciado para que os participantes tenham voz" (SHIMOURA, LIBERALI 2007, p. 256), possam trazer suas necessidades e tenham espaços para refletir sobre questões que tangem sua ação docente. Sendo assim, o professor deixa de participar das reuniões para cumprir um papel institucional e assume um compromisso com seu processo formativo. Portanto, uma das formas de convencer o professor é pela organização das reuniões e pelo lugar que suas necessidades ocupam em suas pautas.

É importante dizer que as reuniões pedagógicas como espaço de formação continuada em serviço não são só pedagógicas, podem também ser utilizadas para comunicações, organização ou discussão de questões administrativas. No entanto, é imprescindível ter claro o objetivo das reuniões para formação continuada em serviço e ter uma visão abrangente e flexível no tratamento dos temas.

Nessa perspectiva, Liberali (2003, 2007) aponta quatro tipos de reuniões: *utilitária, de enfoque teórico, de enfoque prático e de apresentação de resultados*, que objetivam o funcionamento tanto da reunião como da formação.

A reunião *utilitária* trata de assuntos práticos tais como organização de eventos, divisão de tarefas etc. A de *enfoque teórico* tem como foco a aprendizagem de aspectos teóricos, mas pode também relacionar o tema discutido com a prática. Nas reuniões de *enfoque prático* são trazidas discussões sobre as questões do dia a dia da sala de aula. Por último, temos as reuniões de *apresentação de resultados*, em que, como o próprio nome diz, são socializadas experiências de trabalho desenvolvidas pelos professores.

Esses quatro tipos de reunião são complementares, na medida em que o desenvolvimento de uma pode incidir em outra ou provocar a entrada imediata de outro tipo na articulação dos conteúdos da formação. Importa, antes de tudo, utilizar o modelo de reunião adequado aos fins; dificilmente seriam obtidos resultados satisfatórios se para apropriar-se de determinado conteúdo teórico fosse utilizado o modelo utilitário de reunião, por exemplo.

Todos esses aspectos contribuem para a formação continuada em serviço, mas, segundo a mesma autora, os motivos e o objetivo que movem o professor a estar presente nas reuniões caracterizam duas formas de presença: por *obrigação* (a instituição estabelece como condição para permanecer nela) ou por uma *necessidade*, porque esses momentos de discussão e estudo contribuem para sua formação profissional.

b. Criar um *ambiente propício* à participação efetiva dos envolvidos no processo de formação

 A *segunda condição* que colocamos como parte do tripé que dá sustentação à formação continuada em serviço a partir da reunião pedagógica é *criar um ambiente propício à participação efetiva dos envolvidos no processo de formação.*

 Participar é socializar projetos e desafios da ação pedagógica, é dar contribuição, trazer dificuldades; é sentir-se convocado a buscar as respostas nem sempre imediatas, construir caminhos, individual e coletivamente. É envolver-se inteiramente em discussões a partir de diferentes autores e concepções, na busca de propostas que contribuam com a prática educativa individual e do grupo. Contudo, a participação de um grupo não acontece num passe de mágica, ela ocorre no processo: os participantes tornam-se ativos e sujeitos vivenciando a construção do grupo do qual fazem parte, experienciando, passo a passo, a articulação que é de todos e de cada um. Nesse sentido, a coordenação pedagógico-educacional tem um papel fundamental: acolher e articular as histórias individuais, as experiências, os desejos e as necessidades do grupo e orientar a continuidade do processo com discernimento, cuidado e competência para não desconsiderar as sugestões que surgem dos encontros nem deixar o grupo se desviar dos objetivos estabelecidos coletivamente. Ter uma ação que revele respeito às dificuldades do professor e o valorize em suas proposições, permeada por uma fundamentação teórica convergente, é uma atitude essencial da coordenação para a constituição de um grupo.

c. Ter um *projeto educativo* como referencial de ação para todos os que trabalham na unidade educacional

A *terceira condição* que apresentamos é a necessidade de *ter um projeto educativo*[7] como referencial das ações da unidade educacional. É ele que explicita, na proposta filosófica e nos princípios pedagógicos estabelecidos, a intencionalidade do ato de educar da instituição e *dirige e orienta* as ações dos educadores da instituição.

Quando se trata da formação continuada em serviço, o projeto educativo possibilita a escolha e a seleção dos conteúdos e norteia a elaboração do projeto de formação e as discussões. É ele que traz sistematizado: o diagnóstico das necessidades da escola e dos professores, o tipo de educação, o perfil de educando e a concepção de ensino e aprendizagem que orienta o grupo. Por isso, pode ser um instrumento que gera questionamento e desafios aos professores e transforma-se em tema de reflexão para a formação continuada em serviço dos professores de uma escola. Seja para implementar as concepções definidas no projeto educativo, seja para colocá-las em discussão e revê-las, esse documento é sempre um ponto de partida que pode acionar o grupo de professores.

Não queremos de modo algum atribuir o sucesso ou o fracasso da formação continuada em serviço às condições que apresentamos acima, uma vez que o universo do professor não se restringe ao espaço escolar, mas dar relevância a esses fatores, que pertencem a um âmbito mais restrito, sem minimizar os determinantes mais amplos, como as políticas educacionais, a valorização da classe, além de aspectos da função docente que exigem estratégias muito mais complexas

---
7. O projeto educativo é também denominado projeto político-pedagógico ou projeto pedagógico.

e que podem emperrar os processos de formação continuada em serviço, como é o caso da não-identificação com a cultura da escola ou resistência à atualização. Também não estamos trazendo os itens acima como instrumentos diretamente aplicáveis. Buscamos apenas mostrar aspectos a ser tomados como princípios norteadores numa proposta de formação continuada em serviço. Acreditamos que, se levados em consideração, o professor é respeitado, valorizado e tido como sujeito no processo de construção da formação continuada em serviço e da educação desenvolvida na instituição, que por sua vez é enriquecida com a atuação do professor que participa da construção dos princípios educacionais que a norteiam.

Conclusão

Neste artigo atribuímos grande importância à formação continuada em serviço, desde que seja adequadamente articulada pela coordenação pedagógico-educacional ou por um formador constituído, propicie a participação dos docentes e apresente conteúdos consistentes, metodologicamente diversificados, em tempos e espaços propícios à aprendizagem, atendendo os docentes em sua diversidade.

Estruturada em várias modalidades, como reflexão em grupo, a partir de textos de autores selecionados, estudo e discussão em pequenos grupos — na série que o professor ministra aulas ou com os professores da mesma área de conhecimento — e/ou individualmente com o coordenador[8], é um universo propício a envolver o professor no processo.

Entendemos que no processo de formação continuada em serviço o formador/coordenador tem a função explícita de: a) observar, atentamente, as emoções dos professores — atenção, dispersão, interesse, negligência, abertura ou resistência; b) balizar as propostas; c) fazer provocações, visando a atender ao processo singular de cada professor, de modo a criar condições favoráveis

---

8. A sessão reflexiva sugerida por Liberali (2003) é uma forma de atender ao professor em suas necessidades.

ao desenvolvimento e ao envolvimento dos professores que dela participam. É necessário ainda que o coordenador tenha clareza e convicção de que o processo de aprendizagem e de regulação da aprendizagem é do professor.

Para lidar com a diversidade em um grupo de professores, o coordenador/formador precisa ser um inventor e um reinventor em suas propostas (metodologias), porque em um grupo de professores em formação continuada em serviço não se pode partir do pressuposto de que há *consenso*, de que há um *corpo docente*; é preciso lidar com o diferente, com o distinto, com o dissenso; é preciso manejar sutilmente o coletivo e o singular, tendo o cuidado de preservar elementos que fortaleçam o ideal de educação a que se propõem como grupo.

Referências bibliográficas

AGUIAR, W. M. J. Consciência e atividade: categorias fundamentais da psicologia sócio-histórica. In: BOCK, A. M., GONÇALVES, M. G., FURTADO, O. *Psicologia sócio-histórica*: uma perspectiva crítica em psicologia. São Paulo, Cortez, 2001.

BORGES, A. S. *A formação continuada dos professores da Rede de Ensino Pública do Estado de São Paulo*. Dissertação (Mestrado). São Paulo, Pontifícia Universidade Católica, 1998.

CHRISTOV, L. H. S. *Sabedorias do coordenador pedagógico: enredos do interpessoal e de (cons)ciências na escola*. Tese (Doutorado). São Paulo, Pontifícia Universidade Católica, Educação: Psicologia da Educação, 2001.

FREIRE, P. *Pedagogia da autonomia*: saberes necessários à prática educativa. São Paulo, Paz e Terra, 1997.

FUSARI, J. C. *Formação contínua de educadores: um estudo de representações de coordenadores pedagógicos da Secretaria Municipal de Educação de São Paulo (SMESP)*. Tese (Doutorado em Educação). São Paulo, Universidade de São Paulo, 1997.

GARCIA, M. *A formação contínua de professores no HTPC: alternativas entre as concepções instrumental e crítica*. Tese (Doutorado em Psicologia da Educação). São Paulo, Pontifícia Universidade Católica, 2003.

GATTI, B. A. Formação continuada de professores: a questão psicossocial. *Cadernos de Pesquisa*, Fundação Carlos Chagas, n. 119 (jul. 2003).

IMBERNÓN, F. *Formação docente e profissional*: formar-se para a mudança e a incerteza. 4. ed. São Paulo, Cortez, 2004.

LIBERALI, F. C. Reuniões pedagógicas: uma abordagem linguista aplicada. Palestra ministrada no Colégio Emilie de Villeneuve, 20 jan. 2003.

MARIN, A. J. Educação continuada: introdução a uma análise de termos e concepções. *Cadernos Cedes*, Campinas, n. 36 (1995) 13-20.

MORGADO. J. C. *Currículo e profissionalidade docente*. Porto, Porto Editora, 2005.

PLACCO, V. M. N. DE S. Formação em serviço. In: OLIVEIRA, D. A., DUARTE, A. C., VIEIRA, L. F. (orgs.) *Dicionário trabalho, profissão e condição docente*. Belo Horizonte, UFMG/Faculdade de Educação, 2010 (CD-ROM).

_____. Relações interpessoais em sala de aula e desenvolvimento pessoal de aluno e professor. In: ALMEIDA, L. R., PLACCO, V. M. N. DE S. (orgs.). *As relações interpessoais na formação de professores*. São Paulo, Loyola, 2002.

PRADA, L. E. *Formação participativa de docentes em serviço*. Taubaté, Cabral Editora & Livraria Universitária, 1997.

REY, F. L. G. *Sujeito e subjetividade*: uma aproximação histórico-cultural. São Paulo, Pioneira Thomson Learning, 2003.

SHIMOURA, A. S., LIBERALI, F. Material didático para construção da formação crítica: alguns passos para a realização da reunião pedagógica. In: DAMIANOVIC, M. C. (org.). *Material didático: elaboração e avaliação*. Taubaté, Cabral Editora & Livraria Universitária, 2007.

ZEICHNER, K. M. *A formação reflexiva de professores*: ideias e práticas. Lisboa, Educa, 1993.

O coordenador diante do desafio da formação: a busca de uma nova lógica

Ecleide Cunico Furlanetto[1]
ecleide@terra.com.br

> Mestre não é quem sempre ensina,
> mas quem de repente aprende.
> JOÃO GUIMARÃES ROSA

Muitas são as atribuições do coordenador pedagógico na escola. Ele transita pelos espaços do "entre", mediando as múltiplas relações que se estabelecem entre alunos, professores, pais e conhecimentos. Entre todas essas mediações, uma deve ser destacada: a relação dos professores com os conhecimentos necessários para o exercício da docência.

Nesta perspectiva incluem-se os projetos de formação continuada, e seguramente o primeiro desafio que um coordenador enfrenta quando se propõe a desenvolver esse tipo de projeto diz respeito à concepção de formação que dará sustentação ao seu trabalho. Caso ele não reflita sobre essa questão, correrá o risco de reproduzir modelos de formação sem a clareza dos princípios que os embasam e dos efeitos que produzem.

---

1. Pedagoga, mestre em Psicologia da Educação e doutora em Educação: currículo pela PUC-SP, coordenadora do Programa de Pós-graduação em Educação da UNICID.

1. Diálogos com a teoria

Muitos autores analisaram as concepções de formação vigentes na educação contemporânea, mas entre eles cumpre destacar Ferry (2004). Referindo-se aos modelos que construiu, o autor alerta, de início, que eles não devem ser considerados normativos, mas modelos teóricos que têm como função favorecer a compreensão da realidade, sem propor padrões a serem seguidos.

Ferry destaca que, ao me dirigir a um professor em formação, posso assumir, em princípio, três discursos diferentes. É possível dizer a ele que ser professor consiste em transmitir conteúdos de uma disciplina e, portanto, quanto mais ele se apropriar dos conhecimentos disciplinares, não só acumulando-os, mas integrando-os e organizando-os, melhor exercerá a docência. No entanto, será necessário, também, alertá-lo de que isso não é suficiente, pois não basta adquirir conhecimentos disciplinares, tornando-se importante adquirir conhecimentos pedagógicos que possibilitem transmiti-los. Inserimo-nos, dessa forma, em perspectiva que pressupõe *saber* e *saber fazer*. Esse modelo é denominado pelo autor de *modelo de aquisições*.

Posso também dizer a um professor que, seguramente, é muito importante adquirir conhecimentos e saber fazer, mas, para que esses conhecimentos sejam significativos para os alunos, eles devem estar integrados à personalidade do docente. Importa conhecer os conteúdos das disciplinas e saber transmiti-los, mas, além disso, é necessário acrescentar a eles um tom correspondente à sensibilidade do professor, à sua identidade docente. Significa dizer que é necessário possuir maturidade social e afetiva, além de maturidade intelectual que permita a relação com os alunos e provoque neles a vontade de conhecer. Nesta perspectiva, é compensador viver experiências que possibilitem ampliar a percepção sobre a realidade. A esse modelo o autor dá o nome de *démarche*, palavra francesa na qual está contido o sentido de caminhar. O modelo propõe um professor em movimento, o que implica colocá-lo em situação de resolver os desafios que enfrenta, contando com seus recursos — cabe, pois, ao professor administrar sua formação.

O autor faz referência a um terceiro modelo. Posso ainda dizer ao professor que é importante adquirir conhecimentos, *saber fazer*, viver experiências formadoras, mas, para que todos esses aspectos se integrem e para que as experiências sejam portadoras de mudanças, é necessário aprender a pensar e a analisar. As situações que o professor enfrenta são sempre singulares, as respostas que o professor dá aos alunos são únicas. Ele trabalha com uma realidade complexa e necessita construir representações sobre ela que permitam lidar com a realidade de maneira criativa. Sua ação depende de seu entendimento sobre as situações em que ele e seus alunos se encontram, e só quando for capaz de compreender a particularidade de uma situação poderá estar presente nela e, consequentemente, transformá-la.

Ferry auxilia a compreender que para pensar a formação é necessário primeiramente pensar sobre o que é ser professor e como alguém, por meio de um processo contínuo de enfrentamento da realidade e de busca de recursos para compreendê-la, vai cotidianamente se constituindo docente.

2. Diálogos com a prática e com a pesquisa

Durante muitos anos exerci a função de coordenadora pedagógica e coordenei projetos de formação. Os projetos desenvolvidos, inicialmente, se aproximavam do primeiro modelo descrito por Ferry. Partia do pressuposto de que aos professores faltava algo a conhecer e, se isso fosse concretizado, grande parte dos problemas da escola estaria resolvida. Esse algo consistia em conhecimentos disciplinares ou conhecimentos pedagógicos e, nessa perspectiva, era necessário selecionar textos ou palestrantes que pudessem transmitir os conhecimentos considerados importantes.

Logo constatei que esse caminho não era tão simples quanto parecia. Entre a teoria e a prática existia um fosso instransponível. O modelo de aquisições não dialogava com as práticas dos professores, os quais, algumas vezes, transformavam seus discursos, mas continuavam apegados a formas de conduzir o trabalho em sala de aula nem sempre eficazes.

Fui deslocada do lugar que ocupava como formadora e concluí pela necessidade de compreender o que movia a prática dos professores. Em busca dessa resposta, observei que os docentes pareciam possuir um professor interno que se apresentava em sala de aula quando exerciam a docência, e para poder pensar e falar disso nomeei *matrizes pedagógicas* a esse núcleo (FURLANETTO 2007). Elas se mostram como arquivos existenciais nos quais estão guardadas experiências significativas de aprendizagem. Para aprender, necessitamos de mediadores que nos aproximem do mundo. Os mediadores que cumprem essa tarefa, encorajando-nos e nos apoiando, deixam suas marcas, assim como aqueles que nos intimidam e nos ferem. Dessa forma, somos levados a construir representações a respeito do que nos cerca, mas também elaboramos representações sobre maneiras de ensinar e aprender. Essas representações modelam as práticas dos professores, muitas vezes sem que tenham consciência disso.

Essa constatação auxiliou-me a ampliar e a transformar a concepção de formação em que me apoiava. Aproximei-me, então, do segundo modelo descrito por Ferry. Entendi a importância das experiências nos processos formativos, que marcaram e marcam os professores, deslocando-os de seus lugares. Pesquisas que recentemente coordenei reafirmam isso (FURLANETTO 2008; 2009). Elas mostram o quanto as matrizes pedagógicas dos docentes são afetadas por experiências, a ponto de, ao serem questionados em pesquisas a respeito das bases que dão sustentação a suas práticas pedagógicas, fazerem — a maioria — referência a modelos que internalizaram no convívio com adultos significativos e que permanecem influenciando sua maneira de exercer a docência.

3. Diálogos com a experiência

Uma nova questão se impôs: como as matrizes pedagógicas dos professores podem ser conhecidas, ampliadas e transformadas nos processos de formação continuada? Ela me provocou — aliás, me provoca até hoje —, inspirando muitas das pesquisas que realizo e oriento. Na ocasião em que exercia a coordenação, fiz algumas tentativas de responder a essa pergunta. Elas resultaram em experiências que, ao serem elaboradas, podem colaborar com a ampliação dos horizontes da formação (FURLANETTO 2009).

Nesse sentido, é importante compreender que formar não é ensinar. Larrosa (2003) nos ajuda a fazer esse deslocamento, ao dizer que formação não consiste em aprender algo, ou seja, não comporta uma relação exterior com aquilo que se aprende, em que aprender não provoca transformações. A formação implica constituir-se de uma determinada maneira, comporta uma relação interior com o conhecimento, em que aprender forma e transforma o sujeito. Nesta perspectiva, o papel de quem coordena processos formativos não é o de um professor que transmite conhecimentos, mas o de alguém que está junto e que acompanha os caminhos da formação. Por não mais poder me apoiar no modelo de professor que havia internalizado, busquei em minhas matrizes pedagógicas outras referências de formação.

Ao assumir a função de coordenadora pedagógica, passei a ser procurada cotidianamente por professores que traziam os problemas enfrentados em sala de aula, buscando respostas que eu também não possuía. Percebi que me faltavam conhecimentos, os quais não estavam organizados em um livro ou em um curso. Cada situação que se apresentava era singular e exigia uma resposta única, a ser construída para a ocasião. Senti-me, pois, impelida a procurar outra maneira de aprender. Parti em busca de pessoas que pudessem me acompanhar nesse processo e acabei por descobrir a supervisão.

Em pequenos grupos, ou individualmente, vivenciei significativas experiências de aprendizagem. Nessas ocasiões, foi possível discutir casos complexos que demandavam uma reflexão detida e profunda, casos que sem a ajuda do grupo e do supervisor seriam muito difíceis de solucionar. Ao compartilhar conhecimentos, pude ir além das respostas construídas individualmente. Em outras palavras, era como se emprestássemos uns aos outros nossas experiências, para que pudéssemos ir além das possibilidades individuais de respostas.

Com base nessa experiência de aprendizagem, fui descobrindo novas maneiras de me situar nos processos formativos. Compreendi que não poderia oferecer aos professores as respostas por que tanto ansiavam. Elas não estavam prontas em algum lugar de fácil acesso, logo precisavam ser construídas, e para isso seria necessário, como diz Ferry, que o professor se fizesse presente na situação, buscando compreendê-la, em vez de "passar" o problema para o coordenador. Eu poderia estar com ele nesse processo, mas não poderia vivê-lo por ele. Assim, acionando os conhecimentos que possuíamos e nos propondo a partir em busca de outros tantos, igualmente necessários, poderíamos ensaiar novas respostas para as situações difíceis que enfrentávamos na escola.

Um exemplo talvez deixe mais claro o quadro que se nos afigura. Certa feita, recebi um telefonema da mãe de duas alunas, gêmeas, integrantes de salas diferentes da 5ª série do ensino fundamental. Ela estava aborrecida com determinada professora, que havia atribuído nota zero a suas filhas, sob alegação de terem copiado o trabalho uma da outra. A mãe argumentava que as filhas dormiam no mesmo quarto, faziam as lições de casa lado a lado e podiam ter trocado informações e interferido uma no trabalho da outra, mas isso não significava cópia.

De comum acordo, eu e a professora decidimos levar o caso para discussão em grupo, num trabalho de formação que se assemelhava à supervisão. A professora relatou que, no lugar de uma prova, propusera um trabalho individual para o fechamento da unidade didática. Avisara aos alunos que o trabalho deveria ser feito individualmente. Ao ler os trabalhos das irmãs, observou que havia sinais de que não haviam cumprido o acordo e, portanto, mostrava-se irredutível, insistindo em manter a nota atribuída, caso contrário os alunos perceberiam que dali em diante o combinado poderia ser alterado, bastando a reclamação dos pais.

Ficamos, inicialmente, paralisados. Por um lado, os argumentos da mãe, que pareciam ter fundamento; as meninas estavam muito assustadas, sem compreender direito o rumo dos acontecimentos. Por outro, a contestação da professora, sustentando que havia feito alguns acordos com os alunos, os quais haviam sido rompidos. O assunto foi discutido à exaustão, mas de modo polarizado, com base em uma lógica excludente, tentando descobrir qual das duas tinha razão. Dessa forma, caminhávamos em círculo, sem sair do lugar. Compreendemos, no transcorrer das discussões, a necessidade de sair dessa posição de certo e errado, em que um dos lados seria excluído.

Para desarmar essa armadilha, sugeri que pensássemos sobre o que significava ser gêmeo, ter dividido o mesmo espaço durante a gestação, ter nascido praticamente juntas, ter compartilhado um grande número de experiências. Para nos aprofundarmos no tema, consultamos autores que investigavam os processos de construção identitária dos gêmeos.

Compreendemos, então, que os gêmeos percorrem caminhos diferenciados para se constituírem sujeitos. Algumas práticas sociais são comuns por parte das famílias quando se referem a gêmeos: usar roupas iguais, escolher nomes semelhantes, estabelecer rotinas parecidas quanto a alimentação, higiene e sono. Vivendo dessa forma, os gêmeos tendem a se identificar e apresentar dificuldades de se afirmar individualmente, principalmente se forem idênticos, como era o caso. Eles passam a ser reconhecidos e aceitos como uma unidade, da qual não se espera respostas individuais, o que dificulta a diferenciação.

De posse dos novos conhecimentos, pudemos olhar para essa situação por outra óptica. Devíamos, pois, colaborar com a diferenciação das crianças, mas atribuir nota zero ao trabalho não nos pareceu a melhor solução. Era importante colaborar com os processos de construção identitária das meninas, mas sem tentar conduzi-los, pois, como anuncia Larrosa (2003), a vida requer acolhimento e transformação, não domínio. Outra lógica se destacou, ou seja, uma lógica mediadora que acolhe os dois polos e busca uma terceira possibilidade que os inclua.

A própria professora sentiu necessidade de se aproximar das crianças, para compreender melhor o que havia acontecido. Conversando com elas, penetrou em seu universo e descobriu que realmente tinham conversado enquanto faziam o trabalho, o que resultou em semelhanças na elaboração dos textos, porém não tinham consciência de terem feito algo errado, pois, como de costume, assim agiam em inúmeras situações. A professora sentiu-se tocada com os depoimentos e reconheceu a importância, para ambas as alunas, de compartilhar ideias e sentimentos. Contudo, criou-se também a possibilidade de fazê-las crer na necessidade de tentar agir por conta própria, e o trabalho configurava-se numa dessas ocasiões.

Um novo trabalho foi proposto, com a condição de que ambas o elaborassem com independência.

Uma resposta que incluísse a professora, a família e as alunas emergiu dessa situação, o que foi possível devido ao encontro da professora com as alunas. Ao se aproximar de suas histórias, de seus sentimentos, descobriu-se como lidar com o que tinha ocorrido, propondo-se uma solução singular, em sintonia com o processo de desenvolvimento das crianças. Nesse aspecto, em particular, a professora não fora formada, mas encontrou sua forma de agir diante de uma situação específica. Não o fez sozinha, isoladamente, mas necessitou de mediadores. Todavia, sua transformação não ocorreu de fora para dentro. Foi um processo que incluiu dimensões internas e externas, favorecendo o encontro de um novo tom que lhe permitiu construir novas respostas.

Com permissão dos envolvidos, o caso foi discutido com as classes. As meninas puderam falar e, principalmente, pensar sobre o que é ser gêmeo, enquanto os outros alunos tiveram a oportunidade de compartilhar experiências diferentes das suas, o que certamente ampliou seus quadros de referência.

Ao focalizar situações como essa, a formação deixa de ser algo à margem da vida, passa a pulsar na escola, penetra em seu cotidiano, despertando-o, vivificando-o e transformando-o, e permite, dessa forma, que os professores se encontrem com suas matrizes pedagógicas, reorganizem-nas e possam enfrentar os desafios instigadores que os fazem deslocar-se de lugares conhecidos.

Como diz Guimarães Rosa, "cada criatura é um rascunho a ser retocado sem cessar", e a formação pode ser vista como esse retoque constante que fazemos em nossas formas de pensar, sentir e agir.

Referências bibliográficas

FERRY, G. *Pedagogia de la formación*. Buenos Aires, Centro de Publicaciones Educativas y Material Didáctico, 2004.

FURLANETTO, E. C. *Como nasce um professor?* Uma reflexão sobre o processo de individuação e formação. 4. ed. São Paulo, Paulus, 2007.

_____. Matrizes pedagógicas e formação de professores: um olhar sobre as histórias. In: BENZATTI, A. L. F., NHOQUE, J. R., ALMEIDA, J. G. de (orgs.). *Histórias de vida*: quando falam os professores. São Paulo, Scortecci, 2008.

_____. Tomar a palavra: uma possibilidade de formação. *Revista @mbienteeducação*, São Paulo, v. 2, n. 2 (ago.-dez. 2009) 128-135.

_____. Formación y transdisciplinaridad: el encuentro con la experiência. In: DE LA TORRE, S., PUJOL, M. A. *Criatividad y innovación*. Barcelona, Editorial Universitas, 2010a, p. 143-151.

_____. Individuação, histórias de vida e formação. In: BARBOSA, R. L. L., PINAZZA, M. A. (org.). *Modos de narrar a vida*: cinema, fotografia, literatura e educação. São Paulo, Cultura Acadêmica, 2010b, v. 1, p. 161-172.

LARROSA, J. *La experiencia de la lectura*: estúdios sobre literatura y formación. México, Fondo de Cultura Económica, 2003.

Contribuição de Henri Wallon para o trabalho do coordenador pedagógico

Laurinda Ramalho de Almeida[1]
laurinda@pucsp.br

Introdução

> A constituição biológica da criança ao nascer não será a única lei de seu destino posterior. Seus efeitos podem ser amplamente transformados pelas circunstâncias sociais de sua existência, da qual não se exclui sua possibilidade de escolha pessoal.
>
> HENRI WALLON

Em minha trajetória profissional como professora, orientadora, coordenadora e pesquisadora, Henri Wallon tem sido um Outro significativo. Não que sua teoria dê conta de abarcar toda a complexidade da realidade que me cerca — nenhuma é capaz de fazê-lo. Mas a teoria de Wallon — psicogenética com o objetivo de estudar o psiquismo em sua origem e suas transformações — tem possibilitado o aprimoramento de meu olhar e alternativas de ação com maior autonomia e mais segurança. Por ser uma teoria de desenvolvimento, ajuda-me a melhor compreender meus alunos e pensar em suas várias fases de desenvolvimento e circunstâncias do cotidiano e, assim, relacionar-me melhor com eles, pois acredito que a escola é tanto espaço de conhecimento como espaço de relações.

---

1. Professora Doutora do Programa de Estudos Pós-Graduados em Educação: Psicologia da Educação e vice-coordenadora do Programa do Mestrado Profissional em Educação: Formação de Formadores, ambos da PUC-SP.

Agrada-me apresentar uma teoria que faz sentido para mim, uma teoria otimista em relação ao desenvolvimento humano; daí a escolha da epígrafe para este artigo: enquanto o indivíduo mantiver sua capacidade de ajustes a um meio saudável, estará aberto a mudanças em todas as etapas de sua vida. As "circunstâncias sociais de sua existência", das quais uma é a passagem pela escola, podem transformar os efeitos da "constituição biológica ao nascer", bem como de outras circunstâncias sociais nas quais esteve e está envolvido. Essas circunstâncias podem abrir possibilidades, algumas nunca imaginadas. (Podem também, é certo, impor limites ao desenvolvimento.)

Por outro lado, ao entender que o coordenador pedagógico tem na escola uma função articuladora, formadora e transformadora, aceito que

> assim esse profissional será, em nosso modo de ver, aquele que poderá auxiliar o professor a fazer as devidas articulações curriculares, considerando suas áreas específicas de conhecimento, os alunos com quem trabalha, a realidade sociocultural em que a escola se situa e os demais aspectos das relações pedagógicas e interpessoais que se desenvolvem na sala de aula e na escola (ALMEIDA, PLACCO 2009, p. 38).

Essa perspectiva implica uma concepção de escola, de aluno, de professor, de relação teoria-prática. O Plano Langevin-Wallon para a reforma do ensino francês após o término da Segunda Guerra Mundial (1939-1945), no qual Wallon teve atuação destacada, apresenta claramente tais concepções. O cotejo das nossas com aquelas é um bom exercício de reflexão.

Há ainda outra razão que justifica discutir a contribuição de Wallon para o trabalho do coordenador pedagógico. Foi ele um dos primeiros (talvez o primeiro) a utilizar a expressão psicologia do trabalho. No livro *Princípios de psicologia aplicada*, publicado em 1930, analisou detalhadamente a atividade profissional, tendo em vista a seleção e a orientação profissionais. Nele, e em outras obras, enfatizou o papel que o trabalho desempenha na constituição da pessoa do trabalhador. Clot (2007), recentemente, ao discutir a "função psicológica do trabalho", afirma que Wallon é um dos psicólogos que melhor esclarecem que o indivíduo valoriza o seu trabalho principalmente em função do caráter simbólico e coletivo que os outros lhe conferem.

Por acreditar que o trabalho é fundamental na constituição do sentimento de valor que cada um atribui a si mesmo, alegra-me apresentar uma teoria que possa contribuir para a valorização do trabalho do coordenador.

* * *

Henri Wallon (1879-1962) nasceu, viveu e morreu em Paris, numa época em que a Europa passava por grandes transformações políticas, econômicas e sociais. Sua atuação como médico, psicólogo, psiquiatra, pesquisador e professor ofereceu relevante contribuição à psicologia e à pedagogia.

Os valores recebidos no meio familiar, sua participação nas duas grandes guerras (na de 1914-1918 foi médico de batalhão e na de 1939-1945 foi membro da Resistência Francesa, vivendo na clandestinidade) e em movimentos sociais e políticos de seu tempo fortaleceram sua convicção de que a escola é uma instituição importante na luta pela justiça social, pela solidariedade e contra todas as formas de opressão. O Plano Langevin-Wallon, que elaborou com Paul Langevin, físico de renome, e outros educadores, é o registro mais completo de seu compromisso com uma escola que promova o pleno desenvolvimento do indivíduo numa sociedade mais justa e igualitária, projeto fundamentado em sua vivência de cidadão e educador, e respaldado em uma teoria de desenvolvimento.

Sua teoria de desenvolvimento vê um indivíduo não fragmentado, integrando o motor, o cognitivo e o afetivo, situado e concreto, porque constituído de múltiplas determinações. É uma teoria fértil em subsídios para a ação educativa.

1. A psicogenética de Henri Wallon[2] e o trabalho do coordenador pedagógico

> Trabalhar é contribuir, por meio de serviços particulares, para a existência de todos, a fim de assegurar a sua própria.
>
> HENRI WALLON

O eixo da psicogenética walloniana é a integração em dois sentidos: organismo-meio e entre os conjuntos funcionais: motor, afetivo, cognitivo, pessoa. Os fatores básicos do desenvolvimento são o orgânico (campo das possibilidades dadas pelas condições neurológicas) e o social (condições para concretizar ou não as possibilidades, conforme as solicitações e os recursos do meio social).

Organismo e meio constituem uma unidade, assim referida por Wallon (apud WEREBE, NADEL-BRULFERT, 1986, p. 8):

> Nunca pude dissociar o biológico do social, não porque os julgue redutíveis um ao outro, mas porque me parecem tão estritamente complementares desde o nascimento, que é impossível encarar a vida psíquica sem ser sob a forma de suas relações recíprocas.

* * *

Meio é um conceito fundamental na teoria walloniana, e o meio social (ou humano) é a chave para o intercâmbio com o meio físico. O meio humano tem um duplo *status*: é tanto "meio ambiente" como "meio de ação". Wallon afirma:

> O meio nada mais é do que o conjunto mais ou menos durável de circunstâncias nas quais se desenvolvem existências individuais. Ele comporta, evidentemente, condições físicas e naturais, que são, porém, transformadas pelas técnicas e pelos usos do grupo humano correspondente. A maneira pela qual o indivíduo pode satisfazer suas necessidades mais fundamentais depende do meio

---

2. Mais detalhes sobre a teoria de Henri Wallon podem ser encontrados nos livros: *Henri Wallon. Psicologia e educação*; e *A constituição da pessoa na proposta de Henri Wallon*, ambos editados por Edições Loyola.

e, também, de certos refinamentos de costumes que podem fazer coexistir, nos mesmos locais, pessoas de meios diferentes (WALLON 1986, p. 170).

Por que trazer a discussão sobre meios ao tratar do trabalho do coordenador?

Ora, a escola é um meio; Wallon a define como meio funcional, pois tem uma função outorgada pela sociedade: ensinar (há meios espaciais, também, por exemplo urbanos e rurais). Pelos "refinamentos dos costumes", produto da cultura, nesse mesmo local-escola coexistem profissionais e alunos de diferentes meios, que trazem as marcas desses meios em sua constituição. Duas afirmações sobre os meios afetam-me particularmente: "Os meios em que a criança vive e aqueles com que ela sonha constituem a fôrma que molda sua pessoa. Não se trata de uma marca aceita passivamente" (WALLON 1986, p. 169). Se o meio concreto marca, igualmente o faz o meio imaginado, representado, sonhado. E a criança pode escolher tanto o concreto quanto o sonhado. Isso dá à escola uma responsabilidade muito grande, e ao professor um papel de destaque. É com ele que o aluno se relaciona mais intimamente, e é ele quem pode lhe oferecer a entrada em diferentes meios, oferecendo recursos para desenvolver sua imaginação e sua criatividade, sendo um mediador para apresentar-lhe o acervo cultural construído pela humanidade. Cabe ao coordenador lembrar sempre ao professor sua importância, e também oferecer-lhe subsídios para ser um bom representante da cultura para seu aluno.

Ao enfatizar a possibilidade da escolha, Wallon afirma que "o hábito precede a escolha". Afirmação aparentemente banal, mas complexa quando se trata da atividade formativa, que envolve pessoas, porque nos remete a pensar que a recusa a uma nova proposta de trabalho, a uma nova forma de relacionamento, a um novo tipo de linguagem pode não ser devida a uma resistência, ou oposição, ou rebeldia, mas tão somente porque "o hábito precede a escolha". Cumpre encontrar modos para quebrá-lo, introduzindo novas rotinas, levando em consideração que meio não é só o físico e o social, que circundam as pessoas, mas também o espaço no qual executam suas ações, expressam cognições e sentimentos, interagem entre si.

Nos meios estão os grupos. Um grupo tem objetivos determinados, dos quais dependem sua composição e a divisão de tarefas; os objetivos regulam as relações entre seus membros; o papel e o lugar que a criança ou o adulto ocupam no grupo são determinados em parte por suas próprias disposições, mas a existência do grupo e suas exigências impõem-se a elas, e quando se modificam a natureza do grupo ou seus elementos as reações dos participantes também se modificam.

Duas afirmações de Wallon procuro levar em conta quando trabalho com grupos: "É da natureza do grupo que essas duas tendências, individualismo ou espírito coletivo, se defrontem" (1986, p. 176). Ou seja, o grupo coloca cada componente seu entre duas exigências opostas e complementares: o desejo de pertencer, identificando-se com os objetivos propostos pelo coletivo, e o desejo de diferenciar-se entre os elementos do grupo; é preciso valorizar cada um e todos simultaneamente; é preciso permitir que as subjetividades transpareçam, sem obscurecer o objetivo coletivo e lembrar sempre que, quanto mais os projetos individuais estão representados no coletivo, maior a coesão do grupo. Outra afirmação tento levar em conta: "O Nós pode, aliás, ter duas orientações diferentes, uma positiva e outra negativa, uma extensiva e outra restritiva, uma que se assemelha e a outra que exclui. A palavra Nós pode ter o sentido de 'Nós todos' ou o sentido de 'Nós, os outros'" (ibid., p. 177). Se queremos, como coordenadores ou professores, que o grupo seja um coletivo do qual resulte a solidariedade, é preciso investir no "Nós todos", porque o "Nós, os outros", individualistas, nos grupos em vias de formação ou já formados, pode constituir um obstáculo, uma oposição.

* * *

Quanto à *integração entre os conjuntos funcionais*: o motor, o afetivo e o cognitivo, é importante lembrar que estes são construtos de que a teoria se vale para explicar didaticamente o que no concreto é inseparável: a pessoa.

O conjunto ato motor refere-se aos movimentos: exógenos ou passivos (em função da força da gravidade), autógenos ou ativos (deslocamentos intencionais do corpo ou de partes dele) e movimentos de expressão (corporais e faciais, que decorrem da variação de emoções, sentimentos e cognições).

O conjunto afetividade refere-se à disposição do indivíduo de ser afetado pelo mundo interno/externo por meio de sensações de tonalidades agradáveis ou desagradáveis. Engloba emoções, sentimentos e paixão, que resultam tanto de fatores orgânicos como sociais e apresentam configurações diferentes. A emoção tem forte ativação orgânica; por seu componente corporal, motor, é a expressão da afetividade. Apresenta as características de expressividade, visibilidade e contagiosidade. O sentimento é a expressão representacional da emoção, por meio da linguagem, dos gestos, das mímicas. Não implica reações instantâneas e diretas como na emoção, pois é capaz de impor limites a ela, pela representação (falando-se sobre o medo, por exemplo, este vai se diluindo). A idade adulta oferece maiores recursos representacionais, pois o adulto tem condições para saber onde, como e quando expressar seus sentimentos. A paixão revela o aparecimento de autocontrole para dominar uma situação, tentando para isso silenciar a emoção e o sentimento, para atingir um objetivo.

O conjunto cognitivo oferece as funções que permitem a aquisição e a manutenção do conhecimento, por meio de imagem, noções, ideias e representações. É o conjunto que permite lembrar as coisas do passado, fixar, definir e explicar a realidade do presente e projetar futuros possíveis e desejáveis.

A pessoa, o quarto conjunto funcional, expressa a integração em todas as suas inúmeras possibilidades. A integração dos diferentes conjuntos pode assumir várias configurações, variáveis de indivíduo para indivíduo, o que pode conferir a cada um sua singularidade, seu jeito de estar no mundo.

Por que é importante o coordenador pedagógico refletir sobre estes conceitos e discuti-los com seus professores:
1. Em todo processo de desenvolvimento, há uma alternada predominância entre emoção e atividade intelectual — quando uma prevalece, a outra fica obscurecida.

2. A emoção é contagiosa e alimenta-se dos efeitos que produz. Se o adulto deixar dominar-se pela emoção da criança, ou de outro adulto, terá menores recursos para atendê-los e dominar a situação.
3. O par emoção-razão perdura por toda a vida — toda vez que a criança ou o adulto se veem numa situação de imperícia, a emoção volta a dominar e obscurece o funcionamento cognitivo. Um ambiente livre de ameaças, pressões, exigências, que permite liberdade de expressão, ajuda a superar as emoções decorrentes da imperícia. Também situações que envolvem conhecimentos novos podem gerar emoções, que devem ser entendidas pelo professor.
4. A atividade motora exige espaços adequados para sua expressão, principalmente quando se trata de crianças. O meio não é só meio espacial, mas meio de ação, então é preciso providenciar um ambiente rico em possibilidades de ação; com isso a criança exercitará suas funções, terá melhores possibilidades de desenvolvimento e utilizará melhor suas energias para a aprendizagem.
5. Afetividade, motricidade, cognição constituem a pessoa. Quando me dirijo a um desses conjuntos, estou interferindo nos demais.

* * *

Estágios de desenvolvimento

A afetividade, assim como a inteligência (que é a capacidade de articular imagens, noções, ideias e representações) e a motricidade, tem uma evolução no transcorrer do processo de desenvolvimento, o que fica evidenciado nos diferentes *estágios de desenvolvimento*, que Wallon denomina: impulsivo-emocional (0 a 1 ano); sensório-motor e projetivo (1 a 3 anos); personalismo (3 a 6 anos); categorial (6 a 11 anos); puberdade e adolescência (11 anos em diante); idade adulta. Wallon enfatiza que os estágios expressam características da espécie e que seu conteúdo é determinado histórica e culturalmente;

portanto, a idade não é o indicador principal do estágio, pois com a idade variam as relações com o meio físico e social, e é a cultura desse meio que oferece o conteúdo para os estágios. As idades referidas no texto são as propostas por Wallon para sua época e sua cultura; é importante que sejam atualizadas para as nossas.

Estágio impulsivo-emocional (0 a 1 ano)

A primeira fase é a da impulsividade motora (0 a 3 meses). Predominam atividades que visam à exploração do próprio corpo, movimentos bruscos, descoordenados, que respondem às sensibilidades corporais (interoceptivas, das vísceras, e proprioceptivas, dos músculos) e vindas do exterior (exteroceptivas). As percepções ainda são nebulosas e pouco claras (sincretismo). Desses movimentos o bebê seleciona aqueles que garantem a aproximação do Outro para atender a suas necessidades e proporcionar seu bem-estar, e vão se formando padrões diferenciados para as diferentes emoções: medo, alegria, raiva etc. A emoção é o primeiro recurso de ligação entre o orgânico e o social, ou seja, a emoção, expressa pelo movimento, é o recurso do recém-nascido para a primeira ligação com a cultura de seu tempo.

No estágio impulsivo-emocional, os elos bebê-Outro são predominantemente afetivos, a ponto de Wallon afirmar que nele a criança vive tanto de suas relações sociais como de sua alimentação, ou seja, para que seu desenvolvimento seja normal, precisa de demonstrações afetivas dos que estão em seu entorno.

Estágio sensório-motor e projetivo (1 a 3 anos)

Neste estágio, no qual a predominância é do cognitivo, as atividades concentram-se na exploração do espaço físico, e a criança passa a discriminar objetos e pessoas. O sincretismo e a simbiose afetiva relaxam. Seu desenvolvimento passa por etapas rápidas, quando começa a andar e a falar. A possibilidade da marcha permite-lhe modificar o ambiente, e a da fala permite representar pessoas, objetos e situações ausentes.

Wallon situa nesse estágio a inteligência prática ou das situações, que continua existindo ao longo do desenvolvimento, mesmo após o aparecimento e o desenvolvimento da inteligência discursiva ou representacional, que aparece com a fala. A inteligência prática tem como função resolver situações materiais e atuais, concretas, que se impõem à criança; é mobilizada pelas necessidades do momento, possibilidades de ação e disposições da afetividade; a criança organiza os elementos da situação para atingir seus fins.

Estágio do personalismo (3 a 6 anos)

No personalismo, com o predomínio da afetividade acentua-se o processo de discriminação entre o Eu e o Outro e o progresso das respostas às sensibilidades exteroceptivas. Três características são marcantes para as relações interpessoais neste estágio: 1) crise da oposição (3 a 4 anos), com predomínio das relações negativistas; 2) idade da graça (4 a 5 anos), com predominância de relações sedutoras; e 3) imitação (5 a 6 anos), com predominância de relações imitativas do Outro como modelo. No estágio do personalismo surge a paixão, que revela o aparecimento do autocontrole para dominar uma situação. Caracteriza-se por ciúme e exigências de exclusividades. Emoções (com domínio do fisiológico), sentimentos (que surgem com a possibilidade da representação e, portanto, aparecem no sensório-motor) e paixão (com o domínio do autocontrole para esconder as emoções e os sentimentos, que aparece no personalismo) são diferentes momentos e expressões da afetividade. Têm sua origem na criança, mas vão se manifestar durante todo o processo de desenvolvimento.

Estágio categorial (6 a 11 anos)

No estágio categorial, com predomínio do cognitivo, volta a exploração do mundo físico; enquanto no estágio sensório-motor e projetivo a exploração era motora, agora é mental, mediante funções que lhe permitirão estabelecer categorias em vários níveis de abstração e chegar, primeiro, à definição, depois à explicação, que são as tarefas essenciais do conhecimento. A evolução do pensamento, como da afetividade e da motricidade, segue uma das leis do desenvolvimento: do sincretismo para a diferenciação. Ao chegar à diferenciação, o pensamento categorial tem a possibilidade de estabelecer relações e, portanto, de dar explicações sobre a realidade. A organização do mundo físico em categorias bem definidas contribui para a melhor compreensão de si mesmo.

Estágio da puberdade e da adolescência (11 anos em diante)

A predominância é do conjunto afetividade. Volta à exploração de si mesmo, como no personalismo, mas agora com maior autonomia, porque de posse de categorias cognitivas, definições e explicações. A dimensão temporal ganha relevo: o adolescente chega a uma consciência temporal de si, organizando as noções psíquicas em três tempos: passado, presente e futuro. Ganha relevo também a desorientação em relação a si mesmo, tanto do ponto de vista físico (passa por grandes transformações) como do ponto de vista dos valores morais; é a época dos questionamentos, das atitudes de confronto e de autoafirmação; ao mesmo tempo em que precisa de apoio dos familiares e dos pares, contrapõe-se aos valores que os adultos representam; apresenta atitudes intempestivas e de arrogância para chamar a atenção, ao mesmo tempo em que sente incômodo e vergonha, porque duvida de si mesmo.

O que caracteriza a passagem da adolescência para a idade adulta é a clara definição de valores, que serão os centros de suas escolhas futuras. A partir destes, o adulto assume a responsabilidade por seus atos e as consequências deles.

Ao longo da trajetória vivida na infância, na adolescência, na idade adulta, a afetividade, a cognição e o ato motor estão sempre em movimento dialético, ora se opondo, ora se complementando em todas as atividades do indivíduo.

No quadro das páginas 97 a 99 adiante, aparecem as principais características dos estágios de desenvolvimento, segundo a teoria walloniana. Cumpre relembrar que as idades são as referidas pela teoria, e se ajustam a um momento histórico e cultural que não é o nosso. Na época de profundas transformações que vivemos, e com tantos estímulos à disposição das crianças e dos adolescentes, com certeza as idades devem ser revisadas.

Por que é importante o conhecimento dos diferentes estágios do desenvolvimento? Cada estágio demanda um tipo de atuação da parte do professor. Alguns exemplos:

- No estágio impulsivo-emocional, o meio tem que se apresentar principalmente afetivo. A criança demanda uma afetividade que se expresse pelo toque, pela modulação de voz, pelo olhar encorajador.
- No estágio sensório-motor e projetivo, com predomínio da ativação cognitiva, a criança precisa de um meio de ação que lhe permita exercitar as novas funções de que dispõe, precisa de recursos para explorar, descobrir, resolver problemas, exercitar seus domínios corporais e mentais.
- No estágio do personalismo, é importante aceitar que os comportamentos de oposição às reações dos adultos não são atos de indisciplina ou transgressão de ordens, mas demonstração do desenvolvimento da consciência de si.
- No estágio categorial, que coincide com a entrada no ensino fundamental, a criança já tem o recurso da atenção concentrada, da memória voluntária, mas tem ainda muito do pensamento sincrético e encontra obstáculos para responder às questões que lhe são impostas. Não é que ela não queira responder o que lhe é perguntado ou queira responder outra coisa. Ela não pode fazê-lo. É grande o embaraço da criança para ajustar, entre si, os fragmentos do pensamento que vêm de diferentes fontes de informações: das situações cotidianas que vivenciou, das noções captadas das pessoas que a cercam, das ideias inspiradas pelas fórmulas verbais que ouve e é induzida a empregar. Diante de todo esse material, e com as condições pessoais às quais pode recorrer nesse momento de desenvolvimento, esforça-se por conseguir consistência. Entre os mecanismos que usa estão a tautologia (repetição do primeiro termo no segundo: "O que é o sol? É o sol.") e

a fabulação (preenchimento das lacunas do relato ampliando, inventando).
- Na puberdade e na adolescência (que coincidem com o final do ensino fundamental e do ensino médio), com predominância da dimensão afetiva, a demanda do jovem é por uma afetividade mais cognitivizada; embora tenha maiores condições de abstração e generalização, precisa de recursos para um conhecimento mais abrangente do mundo e de si próprio. A demanda que faz aos professores e à escola em geral é que conheçam e reconheçam seus projetos de vida e ajudem a atingi-los. Demanda também por uma escola da qual se orgulhe e na qual seja valorizado. Cabe à escola conhecer os projetos de vida de seus jovens, valorizá-los, incentivá-los e mais: apresentar projetos que possam desenvolver na escola para exercitarem valores, responsabilidade, interesse. À escola compete oferecer recursos para que possam escolher entre os meios concretos e os sonhados.

2. Plano Langevin-Wallon[3]

Wallon não elaborou uma proposta pedagógica original, mas preocupou-se em pesquisar e analisar as propostas dos pioneiros da educação nova, comparando-as entre si e com os resultados dos estudos psicológicos sobre a criança. Essa análise, respaldada por sua teoria de desenvolvimento, permitiu-lhe atuação destacada na reforma do ensino francês para o pós-guerra. Foi nesse plano que pôde expressar suas ideias de homem e sociedade e o papel que a escola deveria desempenhar.

A Segunda Guerra Mundial havia acabado, mas deixara para a França muito sofrimento, perdas materiais e humanas, e, para os educadores, inquietantes questões. Era preciso pensar num "homem novo" e cabia à educação fazê-lo.

---

3. Mais detalhes sobre o Plano Langevin-Wallon podem ser encontrados nos artigos da autora: Wallon e a Educação; Ser professor: um diálogo com Henri Wallon, respectivamente nos livros *Henri Wallon. Psicologia e educação*; e *A constituição da pessoa na proposta de Henri Wallon*, ambos editados por Edições Loyola.

Em novembro de 1944, foi criada uma comissão, por decreto do Ministério da Educação Nacional, com a incumbência de elaborar um projeto de reforma de ensino. Foram nomeados Paul Langevin, físico de renome, presidente da comissão, e Piéron e Wallon, vice-presidentes. Com a morte de Langevin, a comissão designou Wallon seu presidente. Em 1947, o plano, que recebeu o nome de Plano Langevin-Wallon, foi apresentado à Assembleia Nacional, assentado em quatro princípios:

1°) Justiça: qualquer criança, qualquer jovem, independentemente de suas origens familiares, sociais, étnicas, tem igual direito ao desenvolvimento máximo, cuja única limitação é a das próprias aptidões.

2°) Dignidade igual de todas as ocupações: todas as ocupações, todas as profissões têm igual dignidade; a educação não deve alimentar o predomínio da atividade manual ou intelectual em função de razões de origens sociais ou étnicas.

3°) Orientação: o desenvolvimento das aptidões individuais exige primeiro orientação escolar, depois orientação profissional.

4°) Cultura geral: não pode haver especialização profissional sem cultura geral, pois só uma sólida cultura geral libera o homem dos estreitos limites da técnica; a cultura geral aproxima os homens, enquanto a cultura específica os afasta (Plano Langevin-Wallon, apud MERANI 1969).

Para concretizar esses princípios, o plano enfatizava a necessidade de um conjunto de medidas sociais e a garantia da dignidade dos professores. Enfatizava ainda que

> [...] a organização nova do ensino deve permitir o aperfeiçoamento contínuo do cidadão e do trabalhador. Em toda parte, desde as imensas aglomerações urbanas até as mais pequenas povoações, a escola deve ser um centro de difusão da cultura (MERANI 1969, p. 159).

O Plano Langevin-Wallon, por razões várias, não foi implantado em sua totalidade. No entanto, até hoje é tido como referência para se discutir uma educação de qualidade.

No Plano Langevin-Wallon aparecem claramente as concepções de:

- *Escola*, pela qual se demonstra um profundo respeito, pela importante função que exerce; uma escola que responda às necessidades de todos e de cada um; uma escola que abra para o aluno vários caminhos; a escola pública deve formar o homem-cidadão, e a vida na escola é o meio privilegiado para essa formação.
  O conteúdo do ensino, mas também seus métodos e a disciplina escolar são os meios permanentes e normais para dar à criança o gosto pela verdade, a objetividade do juízo, o espírito de livre exame e o senso crítico que farão dela um homem que escolherá suas opiniões e seus atos (Plano Langevin-Wallon, apud MERANI 1969, p. 187).
- *Aluno*, visto como uma pessoa completa, cujas dimensões motora, afetiva e cognitiva estão de tal forma entrelaçadas que cada parte é constitutiva de outra. O aluno é uma pessoa concreta, porque é produto de múltipla determinação: estrutura orgânica, contexto social, trajetória pelos diferentes meios por que passou e passa. Portanto, esses meios devem ser conhecidos pelo professor. Em cada estágio de desenvolvimento há uma organização diferente das dimensões, que corresponde a formas específicas de se relacionar com a realidade e consigo mesmo, que merecem aceitação e compreensão.
- *Professor*, que desempenha um papel ativo e importante na constituição do aluno. Como a teoria enfatiza a pessoa com as dimensões cognitiva, afetiva e motora integradas e se nutrindo mutuamente, o professor deve basear sua ação fundamentado no pressuposto de que o que o aluno conquista no plano afetivo é um lastro para o desenvolvimento cognitivo, e vice-versa.
- *Relação teoria-prática*. Wallon chama a atenção para que a formação do professor não fique limitada aos livros, mas que tenha o respaldo nas experiências práticas que realiza. Valoriza a teoria, que pode fornecer diretrizes básicas, mas

essa teoria deve ser validada pela prática, que volta para enriquecer a teoria. Wallon leu e admirou Makarenko, educador soviético. Em *Poema pedagógico*, que é o relato de seu trabalho na Colônia Gorki, Makarenko deixa claro que no campo das relações humanas, que é o da educação, a ação do educador é um ato singular, porque cada um é diferenciado e vive num momento que não pode ser repetido. Fica evidente em seu relato que suas leituras pedagógicas foram muitas e que sua aguçada observação lhe permitia identificar as ações individuais do cotidiano para propor ações coletivas e assim atingir seus objetivos de educador.

O desenho da escola registrada no Plano Langevin-Wallon direciona o trabalho dos profissionais que atuam na escola e o situa em dois planos: um coletivo, voltado para o bem comum, e um individual, para atender a suas próprias necessidades. Focalizando especificamente o coordenador pedagógico, pode ele "por meio de serviços particulares" contribuir para o bem de todos — não só dos que estão na escola, os demais profissionais e alunos, mas também da sociedade em geral, desenvolvendo nos alunos princípios de justiça, respeito, valorização de todas as ocupações — enfim, fazendo da escola um meio propício ao desenvolvimento. E, por um princípio de reciprocidade, "contribuindo para a existência de todos" está contribuindo para a sua própria, não só em termos materiais, mas de atendimento a suas necessidades de valorização, respeito, dignidade.

ESTÁGIOS DE DESENVOLVIMENTO SEGUNDO WALLON					
Estágio	Predominância do conjunto funcional e da direção	Indicadores	Principais aprendizagens	Principais recursos de aprendizagem
Impulsivo (nascimento a 3 meses) e Emocional (3 meses a 1 ano)	— motor-afetivo; — centrípeta (para o conhecimento de si).	— impulsivo: respostas às sensibilidades intero e proprioceptivas — atividade generalizada do organismo, movimentos reflexos e impulsivos; — simbiose fisiológica, afetiva e cognitiva (em prolongamento à simbiose fetal); — respostas à sensibilidade exteroceptiva — pela resposta do outro, atividades descoordenadas se transformam em sinalizações cada vez mais precisas para expressar bem-estar e mal-estar: medo, alegria, raiva etc.; — movimentos descoordenados — movimentos expressivos — atividades circulares; — consciência corporal.	— "O que sou?"; — recorte corporal.	— fusão com o outro.
Sensório-motor (12 a 18 meses) e Projetivo (18 meses a 3 anos)	— cognitivo; — centrífuga (para o conhecimento do mundo exterior).	— marcha e fala; — movimentos instrumentais (praxias), comunicação simbólica; — exploração sistemática do real: pegar, montar, desmontar, nomear, identificar, localizar; — atividade circular mais elaborada: coordenação mútua dos campos sensoriais e motores (ajustamento do gesto aos seus efeitos); ato motor completa o ato mental, dando mais expressividade a ele; — movimentos projetivos: mimetismo, imitação e simulacro (prenúncios da representação).	— "Eu sou diferente dos objetos".	— contato com diferentes espaços, situações e pessoas; — respostas às perguntas.

Personalismo (3 a 6 anos)	— afetivo; — centrípeta.	— progresso das respostas à sensibilidade exteroceptiva; — três características marcantes nas relações interpessoais: * oposição ao outro (relações negativistas): recusa e reivindicação; * sedução ou idade da graça (relações sedutoras); * imitação (relações imitativas para usar o outro, que antes negou, como modelo para ampliar as competências); — inércia mental (totalmente absorvida por suas ocupações do momento, sem ter controle sobre mudanças ou fixação sobre elas) pode levar a: * atividade de instabilidade (reage indiscriminadamente aos estímulos exteriores); * atividade de perseveração (permanece na atividade, alheia aos estímulos exteriores); — aparecimento de ciúmes e paixão.	— "Eu sou diferente dos outros"; — consciência de si.	— oportunidades variadas de convivência com outras pessoas (crianças ou adultos); — negação.
Categorial (6 a 11 anos)	— cognitivo; — centrífuga.	— disciplina mental de concentração, atenção (maturação dos centros nervosos de discriminação e inibição); — no plano motor: gestos mais precisos, elaborados mentalmente com previsão de etapas e consequências; — superação lenta do sincretismo — duas etapas: *pensamento pré-categorial (até cerca de 9 anos), ainda marcado pelo sincretismo. O par é a unidade menor de pensamento (um par interage com outros pares, por vezes em sequências extravagantes, podendo ocorrer encadeamento fabulatório);	— "O que é o mundo?" — Descoberta de semelhanças e diferenças entre objetos, ideias, representações.	— variedade de atividades; — ligação com o que já sabe; — imperícia como parte do processo.

		*pensamento categorial (a partir dos 9 anos): formação de categorias intelectuais. Tarefas essenciais de conhecimento: definir e explicar (um objeto se define quando se recorta e diferencia dos demais; só se explica quando as relações estão claras). Tarefa árdua, tanto da definição como da explicação.		
Puberdade e Adolescência (acima de 11 anos)	— afetivo; — centrípeta.	— última e movimentada etapa que separa a criança do adulto; — fortalecimento do pensamento categorial; — apreensão da noção de tempo futuro completa a consciência de si; — alteração do esquema corporal; — ambivalência de sentimentos; — questionamentos de valores.	— "Quem sou eu? Quais são meus valores? Quem serei no futuro?" — Consciência temporal.	— oposição aos outros e às ideias; — vivências de valores; — convivência com pares.
Adulto	— equilíbrio entre afetivo e cognitivo.	— definição de valores; — comportamentos de acordo com os valores assumidos; — responsabilidade pelas consequências de seus valores e atos; — controle cortical sobre as situações que envolvem cognitivo-afetivo-motor.	— "Eu sei quem sou e o que esperam de mim."	— convivência com o outro; — experiências próprias transformam-se em preceitos e princípios.

Fonte: Abigail A. MAHONEY, Laurinda R. ALMEIDA. Afetividade e processo ensino-aprendizagem: contribuições de Henri Wallon. *Psicologia da Educação*, São Paulo, Educ, n. 20 (1° sem. 2005), 11-30.

Concluindo

> Baila o trigo quando há vento,
> Baila porque o vento o toca.
> Também baila o pensamento
> Quando o coração provoca.
>
> FERNANDO PESSOA

Focalizamos a psicogenética walloniana — teoria eminentemente integradora: cognição, afeto, movimento — como um subsídio ao coordenador para discutir com os professores diretrizes de atuação que podem dela derivar. Não que essa teoria dê conta de resolver todos os problemas. Mas pode resolver muitos, desde que se leve em conta também a experiência dos professores para cotejar com as propostas teóricas. "A formação psicológica dos professores não pode ficar limitada aos livros. Deve ter uma referência perpétua nas experiências que eles podem pessoalmente realizar" (WALLON 1975, p. 366). Refletir com os professores sobre a evolução do pensamento, a partir de situações vivenciadas por eles com seus alunos, sobre as demandas da afetividade nos diferentes estágios de desenvolvimento, sobre a importância do meio — meio como ambiente onde se vive e escola como meio de ação para desenvolver as funções que vão surgindo nos alunos e que precisam de exercício —, ajuda o professor a encarar com naturalidade, sem sobressaltos, algumas manifestações que, em função de representações do passado, classificam como atos de desinteresse ou indisciplina.

Reflexão teórico-prática implica bem observar.

> Observar é evidentemente registrar o que se pode ir verificando. Mas registrar e verificar é, ainda, analisar, é ordenar o real em fórmulas, é fazer-lhe perguntas. É a observação que permite levantar problemas, mas são os problemas levantados que tornam possível a observação (WALLON 1975, p. 16).

Para registrar o observado e fazer perguntas ao real é necessária orientação segura, e isto se espera do coordenador pedagógico.

Falta ainda discutir um ponto: o papel que o trabalho desempenha na vida desse coordenador. Afirma Wallon: "O estudo do trabalho nos leva a descobrir, além do trabalho, a pessoa, ou antes, as pessoas diferentes entre si" (1935, p. 71). Em outros termos, para compreender o trabalho temos que compreender o sujeito do trabalho, e compreender o sujeito, na dialética walloniana, é compreender o sujeito e o outro, pois o papel desse outro é fundamental para a constituição da pessoa, do nascimento à velhice.

Nas diferentes situações de trabalho, o coordenador precisa do outro para construir seu campo de atuação. As atividades que planeja, executa, nas quais comete acertos e erros sempre são atravessadas pelas ações da direção, dos professores, dos alunos, da família, do sistema educacional (este representado pelas autoridades às quais a escola está jurisdicionada e pela legislação que prescreve suas atribuições). Ou seja, a configuração da função de coordenador decorre, pelo menos, de três ordens de determinação: 1) da estrutura oficial: o que chega ao coordenador em termos de atribuições propostas pela legislação através de resoluções, portarias etc.; 2) da estrutura da escola: como se organiza, com quais funcionários conta, o que cada um espera dele; 3) do sentido que ele confere às atribuições legais, administrativas e às demandas do cotidiano.

Atender a todas, impossível. Quais atender? O que representa fazer estas atividades e não fazer aquelas? Duas vertentes se abrem destas questões:

1. Clot (2007), ao analisar a "função psicológica do trabalho", situa dois níveis de atividade: a atividade real e o real da atividade. O coordenador pedagógico, ante tantas atribuições e tantas demandas, faz o que é possível fazer — atividade real. Atividade real é o que se realiza. Mas e o que se propôs a fazer e não conseguiu? O que realmente gostaria de fazer e não tem condições para tanto? O que sonhou quando começou a exercer sua função e agora percebe que não vai atingir? O que faz sem querer fazer? O que faz para não fazer o que deveria fazer? Este é o real da atividade. Entramos, muito possivelmente, nos conceitos de meios concretos e meios sonhados de Wallon. No caso do coordenador pedagógico, em regra, o real da atividade causa desconforto, desestímulo, tristeza.

2. É possível pensar em reverter a situação? Wallon afirma, ao falar de meios que podem ser funcionais e locais, ao mesmo tempo: "É o caso, por exemplo, dos meios profissionais [...]. O que interessa

é, então, sobretudo, a similaridade dos interesses, das obrigações, dos hábitos" (1986, p. 170). Ou seja, se tenho um meio profissional no qual se trabalhe em função de objetivos comuns, em que as obrigações sejam partilhadas, em que haja cumplicidade para tratar as questões que interessam a todos, consigo maior aproximação entre a atividade real e o real da atividade. Mas cumpre ressaltar que não é só o coordenador que conta para essa reversão. Outros elementos entram nessa equação, dos quais, talvez com maior grau de responsabilidade, as políticas públicas, valorizando a educação e seus atores.

Nossa proposta foi discutir as contribuições da psicogenética walloniana para o trabalho do coordenador, apresentando um pouco de Henri Wallon — médico, psicólogo, pesquisador, professor —, que nos infunde respeito pela integridade das posições que defendeu a favor de uma ciência que vê o homem por inteiro, em uma sociedade solidária e justa, com uma educação de qualidade. Fazemos nossas as palavras de Zazzo, discípulo e companheiro de trabalho de Wallon, sobre seu mestre e amigo: "Possa esse retrato, falso ou verdadeiro, ser suficientemente atraente ou suficientemente estranho para dar ao leitor a curiosidade de conhecer o modelo" (1978, p. 145).

Referências bibliográficas

ALMEIDA, Laurinda R., PLACCO, V. M. N. DE S. O papel do coordenador pedagógico. *Educação*, ano 12, n. 142 (fev. 2009).

CLOT, Yves. *A função psicológica do trabalho*. Petrópolis, Vozes, 2007.

MAHONEY, Abigail A., ALMEIDA, Laurinda R. Afetividade e processo ensino-aprendizagem: contribuições de Henri Wallon. *Psicologia da Educação*, São Paulo, Educ, n. 20 (1º sem. 2005) 11-30.

MERANI, Alberto. *Psicologia y pedagogia*: las ideas pedagógicas de Henri Wallon. México, Grijalbo, 1969.

WALLON, Henri. *Principios de Psychologia Applicada*. São Paulo, Companhia Editora Nacional, 1935.

_____. Os meios, os grupos e a psicogênese da criança. In: WEREBE, M. J. G., NADEL-BRULFERT, J. (org.). *Henri Wallon*. São Paulo, Ática, 1986, p. 168-178.

_____. *Psicologia e educação da infância*. Lisboa, Estampa, 1975.

WEREBE, M. J. G., NADEL-BRULFERT, J. (org.). *Henri Wallon*. São Paulo, Ática, 1986.

ZAZZO, René. *Henri Wallon*. Psicologia e marxismo. Lisboa, Vega, 1978.

O CP e a coerência como dimensão formativa: contribuições de Paulo Freire

Eliane Bambini Gorgueira Bruno[4]
eliane.gorgueira@terra.com.br

Desde seu surgimento na terra o homem vem sendo submetido aos múltiplos ciclos de transformações de seu meio e atravessando os chamados "períodos geológicos", que tiveram a duração de alguns milhares de anos e foram caracterizados fundamentalmente pela ocorrência dos cataclismos naturais, o que para o homem determinava, de forma inexorável, seus modos de viver e sobreviver no planeta, devido à sua compreensão e à sua ação limitadas sobre a natureza.

Transportar o pensamento para o homem de hoje pressupõe — de início — reavaliar a ideia de que esses ciclos de transformações estão ainda sob o comando exclusivo da natureza e pressupõe também esquecer essas longas medidas de tempo, para olhar um mundo efervescente, em que novas transformações acontecem antes mesmo que as mudanças anteriores tenham sido assimiladas pelas sociedades. Interações sociais, econômicas e avanços científicos antes inimagináveis foram viabilizados pela tecnologia. A sociedade global muda de rótulo "num piscar de olhos", ou melhor, "num estalar de teclas", ou melhor ainda, "num toque de tela", e no olho desse furacão está o homem, criador e criatura dessas sociedades "da co-

---

4. Doutora pelo Programa de Estudos Pós-Graduados em Educação: Psicologia da Educação da PUC-SP. Professora da Universidade Estadual Paulista (UNESP), no Instituto de Artes (IA).

municação", "da tecnologia", "da informação", "do conhecimento" e de outras tantas que por certo virão.

É nesse contexto atual — em ebulição — que emerge a educação — sobretudo a escolar — como fenômeno social que traz para si (ainda que não exclusivamente) o papel conflituoso de produzir e reproduzir tais mudanças. É nesse cenário que se deseja formar um sujeito capaz de conhecer seu meio, reconhecer-se nele, identificar o salto possível e assumir seu papel de transformador social. É nesse território que são (ou deveriam ser) gestados os ideais de uma sociedade mais justa, mais igualitária e menos excludente.

Para amadurecer as condições que nos permitam materializar esses objetivos — já assumindo que nesta empreitada a educação tem um papel indiscutível —, é preciso inicialmente conhecer o que somos, a partir do que já fomos:

> Não há possibilidade de pensarmos o amanhã, mais próximo ou mais remoto, sem que nos achemos em processo permanente de "emersão" do hoje, "molhados" do tempo que vivemos, tocados por seus desafios, instigados por seus problemas, inseguros ante a insensatez que anuncia desastres, tomados de justa raiva em face das injustiças profundas que expressam, em níveis que causam assombro, a capacidade humana de transgressão da ética (FREIRE 2000, p. 54).
>
> [...] Uma das bonitezas de nossa maneira de estar no mundo e com o mundo, como seres históricos, é a capacidade de, intervindo no mundo, conhecer o mundo. Mas, histórico como nós, o nosso conhecimento do mundo tem historicidade (FREIRE 1999, p. 14).

É preciso então conhecer o caminho já percorrido, recolocar o homem como centro do processo educativo e mobilizar esforços pessoais e institucionais nesse sentido. Isto posto, convidamos o leitor a retomar, por poucos instantes, uma parte de nossa história recente apenas para melhor situar essas considerações.

Breve visita a um passado recente

No Brasil, a partir da década de 1930 — quando os princípios impulsionados pelo movimento da Escola Nova começaram a defender a educação como o único meio efetivo de combate às desigualdades sociais —, os processos formativos em geral e, sobretudo, aqueles focalizados na educação escolar começaram a mostrar contornos de ações mais centradas no educando e nas relações que este desenvolve consigo e com seu mundo.

> A Escola Nova, que teve como um de seus mentores Anísio Teixeira, se apresenta como uma concepção amadurecida e confrontada com os grandes movimentos sociais brasileiros, que marcaram os anos 20 e 30. Isto fica claro no Manifesto dos Pioneiros da Educação Nova, de 1932, manifesto do qual ele é um dos signatários. A Escola Nova, por oposição à escola tradicional, não isola a educação dos processos sociais, muito menos quer ser uma réplica de uma sociedade envelhecida. Para a Escola Nova, não é o aluno que deve se adaptar à escola, ao professor e ao seu método. É a escola que deve responder criativamente aos desafios da realidade. Escola e sociedade fazem parte de um todo, e se articulam dialeticamente ou para gerar a liberdade ou então para perpetuar sociedades discricionárias. [...] O sonho de Anísio era o de criar possibilidades de humanização para todos, sem exceção. E, se o caminho da humanização passa pela liberdade, a liberdade deve passar a ser o grande objetivo da educação, desde seus primeiros até seus últimos estágios (PROSSIGA 2011).

Anísio Teixeira sempre se manteve fiel aos seus ideais de luta pela educação, mesmo quando começaram a aflorar as perseguições políticas que já anunciavam os anos mais sombrios de nossa história, no período que antecedeu o golpe militar de 1964. As principais defesas deste educador podem ser observadas abaixo, quando, respondendo a um memorial publicado pelos bispos das dioceses do Rio Grande do Sul, Anísio explicita pensamentos que hoje são tão atuais quanto o foram naquele momento:

> Sou contra a educação como processo exclusivo de formação de uma elite, mantendo a grande maioria da população em estado de analfabetismo e ignorância. [...] Contrista-me verificar a falta de consciência pública para situação tão fundamente grave na formação nacional e o desembaraço com que os poderes públicos

menosprezam a instituição básica do povo, que é a escola primária. [...] Sou contra a dispersão dos esforços no ensino superior pela multiplicação de escolas improvisadas, em vez da expansão e fortalecimento das boas escolas (*O Jornal*, 15 abr. 1958).

Novas concepções de homem e de mundo exigiam um novo modelo de educação, por meio do qual a escola não mais poderia se limitar à simples alfabetização, mas deveria contemplar outros aspectos que pudessem favorecer a emancipação do sujeito, a partir do acesso à leitura e à escrita. As dimensões pessoais e sociais desses processos, por natureza mais subjetivas, começaram também a assumir uma posição cada vez mais consolidada, quando comparadas com o patamar até então ocupado pelas dimensões puramente técnicas. A própria didática, que naquele momento se configurava como disciplina de caráter notadamente instrumental e era voltada basicamente para as técnicas/métodos de ensino, passou a ser assumida como um lócus sagrado de reflexão acerca da estreita relação entre fundamentos e metodologias, tratando da educação como um processo mais amplo, mais profundo, mais duradouro, e por isso mesmo mais complexo.

Aspectos como afetividade, coerência, postura política, autonomia, ética, autenticidade — entre outros — passaram a se constituir como frequentadores assíduos dos discursos proclamados pelos profissionais da educação, e ainda é nesta mesma esteira que grandes e arrojados projetos de educação têm sido desenvolvidos.

Contemporâneos ao movimento da Escola Nova, muitos educadores cunharam, com suas ações, marcas tão profundas que seus percursos pessoais se confundem com a história da educação no Brasil, especialmente aquelas que se referem à escola pública. Ao explicitar que implicações políticas, filosóficas e psicológicas não podem ser negadas como atributos indissociáveis de todo processo formativo, esses educadores marcaram as décadas seguintes da educação brasileira com intensas transformações, tanto no nível conceitual quanto nos níveis técnico-instrumental e metodológico, já que a educação não se dá apenas no pensar nem se dá apenas no fazer. É um fazer que pensa no que faz, enquanto faz e reflete sobre o que fez, sem separar este daquele.

Amigo, adepto das mesmas ideias de Anísio Teixeira e também protagonista de grandes transformações na educação brasileira, principalmente a partir da segunda metade do século XX, outro educador, Darcy Ribeiro, já proclamava a educação como questão fundante para o desenvolvimento de um país — muito antes que essa ideia fosse incorporada aos discursos dos políticos de direita — e, assim como Anísio, lutou em defesa da escola pública, democrática e universal.

Darcy reconhecia no homem a alavanca das transformações sociais e acreditava também no poder (ainda que limitado) da educação como motor de transformação da história, a partir das possibilidades que um povo tem, no sentido de se apropriar cognitivamente de sua realidade histórica e de seu cotidiano sociocultural e político. Sua coerência política o fazia afirmar que aqueles que não lutam por uma educação popular democrática e de qualidade contribuem para manter o povo numa condição de miserável marginalidade e de exclusão, sofrendo assim, indefinidamente, as consequências de sua ignorância. Foi, em todos os segmentos de sua trajetória pessoal, um grande "brigador"; homem de nunca se resignar, mas de se indignar sempre ante as injustiças, desigualdades e brutalidades a que tem sido submetido o povo brasileiro. Para Darcy, só é possível pensar o homem em sua historicidade, construindo a história e sendo reconstruído por ela. E assim foi que este educador se mostrou ao final de seu percurso:

> Termino essa minha vida exausto de viver, mas querendo ainda mais vida, mais amor, mais travessuras. A você que fica aí inútil, vivendo essa vida insossa, só digo: Coragem! Mais vale errar se arrebentando do que se preparar para nada (RIBEIRO 1997, p. 12).

Partidário desses mesmos ideais, trazemos ainda Agostinho da Silva, filósofo, ensaísta, educador e um dos maiores pensadores portugueses, que, junto com Anísio Teixeira, participou na criação da Universidade de Brasília. Embora pouco referenciado no Brasil, acreditamos ser importante resgatá-lo, por causa da força e do vigor com que se posicionou a respeito da necessidade de repensar o papel da escola:

É além de tudo essencial que a escola se não separe do mundo. [...] e não se veja no aluno o ser inferior e não preparado, a que se põe tutor e forte adubo; isso é o diálogo entre o jardineiro e o feijão (SILVA 1944, p. 13).

As considerações acima nos permitem constatar que não apenas no Brasil daquele início de século, nem apenas nos países do chamado terceiro mundo, mas também na Europa e na América educadores, filósofos, sociólogos, políticos e outros intelectuais defendiam que a educação deveria primar pela emancipação social, política e intelectual do homem. Esse chamamento solicitava que novos paradigmas emergissem, tanto em relação às políticas públicas que normatizam cada processo formativo, conforme o segmento a que se refere, quanto em relação à necessidade de adequação desses processos — sobretudo em relação à educação escolar — às novas concepções de homem e de mundo.

O movimento intelectual e pedagógico que emergia nas primeiras décadas do século XX defendia práticas e fundamentos pedagógicos que estivessem a serviço da libertação e da emancipação do *Ser* como o único e legítimo caminho que poderia levar ao desenvolvimento de um povo.

A educação proclamada por Paulo Freire

Os educadores a que nos referimos (e que reverenciamos) acima — assim como tantos outros — comungavam as mesmas concepções e os mesmos desejos. Entre eles desejamos destacar Paulo Freire, que no final da década de 1950 começa a reescrever a educação no Brasil, resgatando elementos que dela nunca deveriam ter mantido qualquer distância e exigindo uma escola que transcendesse a simples doutrinação cognitiva para alcançar esferas intelectuais mais amplas e se assumir como lócus sagrado de formação, transformação e libertação do homem.

Esse educador, além de congregar e consolidar as implicações sociais e políticas, reincorporou aos processos formativos os aspectos que conferem o viés da pessoalidade na interlocução entre os atos de ensinar e de aprender, quais sejam: o desejo, o afeto, o respeito, a alegria, a curiosidade e a possibilidade de protagonizar sua própria história, sem por isso afrouxar no rigor ou na competência.

A grande bandeira defendida por Paulo Freire — e que lhe conferiu projeção de alcance internacional — foi sua busca por uma educação absolutamente democrática, transformadora, libertadora e politicamente assumida, sendo estes os princípios que testemunhou durante décadas, em todo o seu percurso como educador.

De um modo testemunhal e muito profundo, Paulo Freire nos fez ver que sua concepção de educação sempre esteve enraizada em sua concepção de homem e, por consequência, de mundo. E foi com essa coerência que cunhou o sentido da educação como ato de libertação do ser e de transformação do mundo.

Paulo Freire veio anunciar o que pode e o que não pode a educação, que o futuro pode ser melhor do que foi o passado e que o homem está no centro desse processo como agente corresponsável pelas mudanças que deseja.

> [...] Uma das bonitezas do anúncio profético está em que não anuncia o que virá necessariamente, mas o que pode vir ou não. Na real profecia, o futuro não é inexorável, é problemático. Há diferentes possibilidades de futuro [...] contra qualquer tipo de fatalismo, o discurso profético insiste no direito que tem o ser humano de comparecer à História não apenas como seu objeto, mas também como sujeito. O ser humano é, naturalmente, um ser da intervenção no mundo à razão de que faz a História. Nela, por isso mesmo, deve deixar suas marcas de sujeito e não pegadas de puro objeto (FREIRE 2000, p. 119).

O sentido da educação, segundo as concepções de Paulo Freire, está investido de uma premissa fundamental: educar implica, primeiramente, indignar-se com o que aí está, acreditar — até a medula dos próprios ossos — que a mudança é possível e mobilizar o melhor que há em nós no sentido dessa utopia que trança ensinar e aprender enquanto se ensina. Para querer educar, não se pode furtar à criticidade, à generosidade, ao respeito e à esperança profundos do educador para com o educando, para com seu mundo e para com ele mesmo. É assumir as mudanças que desejamos como se fossem profecias.

[...] Para mim, ao repensar nos dados concretos da realidade, sendo vivida, o pensamento profético, que é também utópico, implica a denúncia de como estamos vivendo e o anúncio de como poderíamos viver. É um pensamento esperançoso, por isso mesmo. É neste sentido que, como entendo, o pensamento profético não apenas fala do que pode vir, mas, falando de como está sendo a realidade, denunciando-a, anuncia um mundo melhor (FREIRE 2000, p. 54).

Para Freire, a educação é um texto inscrito num contexto em movimento. Move-se assim como se move o homem. Inconclusa. Nunca definitiva. Como uma canção que se compõe enquanto se canta.

A alegria não chega apenas no encontro do achado, mas faz parte do processo da busca. E ensinar e aprender não pode dar-se fora da procura, fora da boniteza e da alegria (FREIRE 1999, p. 53).

A dimensão da coerência na formação continuada

Neste ponto, reposicionamos nosso foco nos dias atuais e, ainda que não tenhamos nos aprofundado num mergulho minucioso a respeito do percurso da educação no Brasil do século XX e deste início do século XXI (até porque o espaço deste texto não daria conta de uma discussão tão extensa), acreditamos que a apresentação deste breve parêntese histórico tenha permitido ao leitor situar-se contextualmente, de modo que lhe seja possível constatar quão atuais (necessárias, mas, por vezes, tão ausentes) são as premissas que nortearam essa reinvenção educacional, proposta por Paulo Freire no início da década de 1960, interrompida pelo golpe militar de 1964 e retomada com todo o vigor a partir da reabertura política no país (pretensamente iniciada em 1974, mas consolidada apenas a partir da promulgação da nova Constituição Brasileira, em 1988).

Ressaltamos aqui que o pano de fundo deste texto são os processos de formação continuada dos professores em serviço, processos nos quais os próprios coordenadores pedagógicos, atores centrais desta nossa reflexão, são, ao mesmo tempo, sujeitos e objetos, já que, ancorados nos princípios e fundamentos proclamados por Paulo Freire, o bom educador, enquanto ensina, aprende.

É preciso então reconhecer que já está passando da hora de refletir sobre ações e estratégias solidamente fundamentadas e articuladas com o objetivo de transformar essa utopia em realidade, nos vários segmentos e cotidianos de formação. Somente assim podemos dar o próximo passo e propor mudanças efetivas para romper com os modos atuais pelos quais são construídos, aplicados, vivenciados e avaliados os processos de formação continuada de professores em serviço e restituir a essa modalidade formativa a importância que lhe é devida.

Tendo já esclarecido que o pano de fundo desta abordagem serão os processos de formação continuada de professores em serviço, cabe-nos explicitar a questão mais central e que será o fio condutor desta nossa abordagem. Estamos falando da dimensão da *coerência*, ou melhor, de uma *tríplice coerência* que deve contemplar simultaneamente:

a) os fundamentos que ancoram a formação defendida discursivamente como sendo a ideal para as nossas crianças e os nossos jovens;

b) a formação oferecida aos professores (formação em serviço), que conduzirão esses processos em sala de aula junto aos educandos;

c) a formação do próprio coordenador pedagógico, em sua ação como formador de professores.

Qualquer processo de formação que não valorize igualmente os três aspectos acima penderá para um lado e, por isso, cairá por terra, pois entendemos — como Paulo Freire já sabia antes — que educar pressupõe que cada ação do educador seja a confirmação de seu discurso e que este último seja a expressão de seu pensamento: [...] as palavras a que falta a corporeidade do exemplo pouco ou quase nada valem (FREIRE 1999, p. 16).

E ainda:

> {...} a força do educador democrata está na sua coerência exemplar: é ela que sustenta sua autoridade. O educador que diz uma coisa

e faz outra, eticamente, não é só ineficaz: é prejudicial (FREIRE 2001, p. 73).

A dimensão da *coerência*, que Paulo Freire com tanta propriedade e profundidade testemunhou e ressignificou, em sua vida e sua obra, não deve ser concebida apenas como fundamento do ato de educar, mas antes e principalmente como um atributo essencial do homem como *ser* social. Não pode ser entendida como algo específico ou apenas tangente a certas esferas sociais ou profissionais, mas como algo intrínseco ao nosso modo de *ser* e que, por isso mesmo, se propaga a tudo o mais que se pense, fale ou faça.

É preciso testemunhar a nossos filhos que é possível ser coerente, mais ainda, que ser coerente é um sinal da inteireza de nosso ser. Afinal, a coerência não é um favor que fazemos aos outros, mas uma forma ética de nos comportar. Por isso, não sou coerente para ser compensado, elogiado, aplaudido (FREIRE 2000, p. 45).

A coerência e a reconstrução da experiência humana: um diálogo possível

Partimos agora para um mergulho que sai da esfera mais geral da educação (que abarca todos os seus segmentos e atores), para atingir o contexto já recortado e específico da formação continuada e, ainda tomando a *coerência* como nosso referencial, assumimos que a educação que queremos — tanto para os nossos educandos quanto para nós mesmos, educadores e formadores de educadores — é aquela que pode nos humanizar e libertar a todos, de modo que cada um e todos possam ser capazes de discernir com lucidez e com humildade sobre suas próprias limitações e sobre as possibilidades de intervenção no mundo. No entanto, surge um aspecto que merece nossa reflexão: assumir uma postura coerente perante a educação será sempre consequência de assumir essa mesma postura perante a vida. Mas não é a vida um devir? Não é a vida uma expressão da dinamicidade de nosso cotidiano? E não é essa dinamicidade uma característica própria do homem?

É justamente neste ponto que reside nossa preocupação, pois agora emergem novos questionamentos — desdobrados dos anteriores. Como ser coerente num contexto que se move sem cessar? Como ser coerente sem invadir nenhum de seus extremos — a superficialidade ou a rigidez?

Foi mesmo quando nos debruçamos novamente sobre os ditos de Paulo Freire que encontramos sua fala sobre o homem como ser inconcluso e, com essa fala, a pista que nos permitiu aprofundar esta reflexão. O próprio pressuposto desse educador, no sentido de que a leitura do mundo precede a leitura da palavra, já nos aponta para os indícios desse nosso refazimento constante, a partir da apropriação cognitiva do real, que nos transforma e que, ao mesmo tempo, nos municia de condições para nele intervir. Não se trata, portanto, de uma visão determinista a partir da qual o homem deve se acomodar e se adaptar ao mundo, mas deve sim se inserir nele na luta por ser sujeito.

Freire dedica parte de sua obra a discorrer sobre a ideia do inacabamento como fator constitutivo da condição ontológica do ser humano, conceito a partir do qual assume-se (além do impulso natural do homem para o *ser mais*, para o desenvolvimento) o movimento consciente do sujeito na busca por ser ele mesmo, e mais que isso: pela busca de um estágio em que ele assuma a construção desse caminho que é sua própria busca.

Assim, a percepção desse devir que caracteriza o homem como ser histórico — porque faz história enquanto é feito por ela — definitivamente não combina com rigidez, já que pressupõe a abertura ao novo e disponibilidade para a mudança.

> Minha *franquia* ante os outros e o mundo mesmo é a maneira radical como me experimento enquanto ser cultural, histórico, inacabado e consciente do inacabamento. [...] Gosto de ser homem, de ser gente, porque sei que a minha passagem pelo mundo não é predeterminada, preestabelecida. Que o meu "destino" não é um dado, mas algo que precisa ser feito e de cuja responsabilidade não posso me eximir. Gosto de ser gente porque a História em que me faço com os outros e de cuja feitura tomo parte é um tempo de possibilidades e não de determinismo (FREIRE 1999, p. 23).

Coerência, subjetividade e diálogo

Já dissemos antes e voltamos a afirmar que a educação tal como a concebemos tem como objetivos integrar as várias dimensões do homem, formar sujeitos que possam atuar de forma crítica e consciente nesse processo de transformação social, contribuir para a construção da autonomia intelectual individual e grupal dos educandos, propiciar condições para que os indivíduos possam se assumir como sujeitos de seus próprios processos no que se refere ao refinamento das relações intra e interpessoais, tudo isso estreitamente articulado com o objetivo nuclear em torno do qual todos os demais gravitam: a construção do conhecimento.

Se, por um lado, temos mobilizado grande esforço no sentido de oferecer às nossas crianças e aos nossos jovens uma educação que valorize todas essas questões, por outro buscamos também garantir que todos os processos formativos sejam coerentes entre si, independentemente do segmento a que se referem, pois entendemos que não se pode defender um discurso em que a educação oferecida ao aluno (que é o último elo desta cadeia) compreenda-o como um ser complexo e integral e, ao mesmo tempo, subtrair dos educadores — e, no caso particular deste texto, dos professores e dos coordenadores pedagógicos em processos de formação continuada — as dimensões que compõem a subjetividade de sua própria formação.

Vem daí nossa defesa de que não é possível nem correto exigir do educando grande esforço intelectual no sentido de se assumir como sujeito histórico se o próprio educador não é capaz de se mobilizar nesse sentido. Do mesmo modo, pode-se dizer que também não é certo exigir que a prática dos educadores contemple esse viés transformador, libertador e integral da educação se a eles não foram oferecidas experiências formativas favoráveis e coerentes com esses pressupostos, sejam eles professores ou coordenadores pedagógicos em processos de formação em serviço. Fica então fácil perceber que a relação entre a dimensão da *coerência* e a percepção do inacabamento passa necessariamente pelas questões subjetivas que envolvem os processos de formação. "Não é no silêncio que os homens se fazem, mas na palavra, no trabalho, na ação-reflexão" (FREIRE 2004, p. 44).

Em princípio, a percepção desse inacabamento como condição humana só é possível a partir do momento em que esses processos assumem e vivenciam o diálogo não apenas como instrumento metodológico (oportunidade de troca de experiências e organização do pensamento), mas como postura a ser assumida pelo homem diante do encontro consigo mesmo, com o outro e com o mundo. A prática do diálogo segundo nossa perspectiva pressupõe a prática da leitura (de si, do outro e do mundo) como pré-requisito, e vale lembrar que essa leitura é uma habilidade a ser desenvolvida pelo educador considerando sempre sua dimensão pessoal e social, e que, sendo assim, implica, por um lado, que este se assuma como condutor de seu próprio processo de formação e que, por outro lado, não deixe de considerar as questões da construção coletiva, da parceria e, aí sim, do diálogo que o legitima então como coautor da história. Não haverá diálogo autêntico se nessa empreitada os interlocutores não mobilizarem humildemente sua subjetividade, pois o termômetro que medirá a verdade desse encontro depende da entrega e da quietude necessária à leitura e à escuta que se faz naquele instante.

O diálogo, quando assumido como prática essencial dos processos formativos, é o que nos permite, em comunhão, reconhecer o outro e reconhecer a nós mesmos através do outro. Nessa comunhão todos crescemos juntos e aumentam as possibilidades de germinar um novo paradigma que nos favoreça a melhor elaborar o cotidiano real imediato e preparar o salto para a transformação.

Em *Pedagogia do oprimido* (2004), Paulo Freire defende o diálogo como condição própria do modo humano de ser e de estar no mundo, de reconhecer esse mundo como seu e reconhecer-se nele inserido. Segundo esse educador, o diálogo nunca deverá ser usado como instrumento de conquista ou de dominação de um homem sobre outro homem, mas como forma de superação das ignorâncias individual e coletiva e como instrumento de conquista da liberdade, atributo inerente a todo diálogo que se quer legítimo e ao encontro que, por ser encontro entre homens, já se pressupõe intersubjetivo. É pelo diálogo (que não deve ser privilégio de alguns, mas direito de todos) que crescem juntos todos os homens em sua habilidade de ler o mundo, problematizá-lo e nele intervir através do trabalho resultante da palavra refletida.

A leitura e a escuta no diálogo de formação

Aqui nos cabe relembrar que, se ao coordenador pedagógico são atribuídas as tarefas de estimular o exercício da construção coletiva, da socialização dos saberes, do refinamento das relações interpessoais, da promoção das autonomias intelectuais individuais e grupais em torno da construção e da vivificação do projeto político-pedagógico da escola, cabe-nos também reforçar nossa crença no diálogo como a amálgama de todos esses processos, sem o que o trabalho não resulta em construções coletivas e articuladas, mas numa soma de resultados individuais e sem unidade. Dessa forma, assumimos o diálogo como fundamento das ações formativas.

Elementos fundantes do diálogo, a escuta e a leitura se misturam e se confundem na relação de conhecimento e reconhecimento entre homem e mundo e superam sua condição de simples movimentos inerentes ao diálogo para se tornarem posturas conscientes, já que intencionais e passíveis de aprendizado.

Tanto a leitura quanto a escuta não são tomadas aqui como movimentos passivos diante de texto/contexto. Tampouco são vias de mão dupla, pois esta seria uma visão simplista na qual aquilo que foi lido ou ouvido seria compreendido e em seguida reportado ao seu primeiro interlocutor, encerrando a cadeia. Nossa defesa é que a leitura e a escuta são movimentos contínuos e constitutivos do diálogo. Implicam abrir-se ao texto/contexto, introjetar seu conteúdo bom como todos os demais elementos que dele participam, elaborar criticamente, organizar a compreensão e devolver o resultado ao interlocutor, já transformando-o relativamente ao que era antes do início. Para Paulo Freire, escutar

> é obviamente algo que vai além da possibilidade auditiva de cada um. Escutar significa disponibilidade permanente por parte do sujeito que escuta para abertura à fala do outro, ao gesto do outro, às diferenças do outro. Não diminui em mim nada do direito de discordar, de me opor, de me posicionar. O bom escutador fala

e diz de sua posição com desenvoltura. O âmago de todo esse processo de escutar, de estar disponível, aberto à fala, ao gesto, ao acontecer do outro é essencialmente afetivo (1999, p. 135).

E aqui, como uma experiência de metaleitura ou leitura da leitura, Paulo Freire volta no tempo e *lê* novamente sua experiência de leitura da palavra e leitura do mundo:

> [...] a vivência, a leitura da palavra, da frase, da sentença jamais significou uma ruptura com a "leitura" do mundo. Com ela, a leitura da palavra foi a leitura da "palavramundo". [...] A compreensão do ato de ler não se esgota na codificação pura da palavra ou da linguagem escrita, mas se antecipa e se alonga na inteligência do mundo. [...] A leitura da palavra não é apenas precedida pela leitura do mundo, mas por uma certa forma de "escrevê-lo" ou de "reescrevê-lo", quer dizer, de transformá-lo através de nossa prática consciente (FREIRE 1989, p. 9-10-13).

Como se pode observar, a leitura e a escuta assumem uma dimensão ampliada, exigindo que os atores em diálogo reconheçam que os momentos de silêncio que se alternam entre um e outro interlocutor nada têm a ver com passividade, mas com a postura respeitosa, crítica, consciente e ética de intencionalmente tomar distância para melhor conhecer.

Dessa forma, é possível inferir que a escuta do outro está dentro da leitura do mundo, e tanto a primeira quanto esta última são a expressão da quietude que caracteriza o mergulho do leitor/ouvinte que busca a compreensão a partir do universo referencial de seu interlocutor. Leitura e escuta serão sempre, e ao mesmo tempo, movimentos constitutivos e resultantes da experiência do encontro, pois aquilo ou aquele que se dá a ler ou escutar nunca estará posto em sua completude, já que toda experiência mantém em si mesma uma parte que dela é inalienável. Assim também é com aquele que se põe a ler ou escutar, pois, em sua ação de leitura e escuta, insere parte de seu próprio referencial. Daí vem que a leitura e a escuta só podem ser legítimas se concebidas como inerentes à experiência do encontro.

À guisa de conclusão

Encerrar esta reflexão, ainda que temporariamente (assim esperamos), pede que relembremos, enquanto educadores e formadores de educadores, que nosso percurso se faz na busca infindável pelo resgate da educação — sobretudo a escolar — como a experiência de um encontro marcado pela alegria, pela curiosidade e pela "pressa de saber" que é característica do humano. No fim das contas, há algo que nos move e que se expressa na busca por uma postura pessoal que mantenha nossa ação, nossa fala e nosso pensamento coerentes entre si e coerentes com os princípios que fundam nossa experiência cotidiana. Uma postura em que a coerência jamais seja associada à rigidez, mas que seja alimentada pela disponibilidade à leitura e à escuta do mundo na real vivência do diálogo, componente legítimo do encontro.

Referências bibliográficas

BRUNO, Eliane B. G. Desejo e condições para mudança no cotidiano de uma coordenadora pedagógica. In: *O coordenador pedagógico e o cotidiano da escola*. 3. ed. São Paulo, Loyola, 2005.

_____. *Os saberes das relações interpessoais e a formação inicial do coordenador pedagógico*. Tese (Doutorado). São Paulo, Pontifícia Universidade Católica, 2006.

FREIRE, Paulo. *A importância do ato de ler*. Em três artigos que se completam. 23. ed. São Paulo, Cortez, 1989.

_____. *Pedagogia da autonomia*: saberes necessários à prática educativa. 12. ed. São Paulo, Paz e Terra, 1999.

_____. *Pedagogia da indignação*: cartas pedagógicas e outros escritos. São Paulo, Ed. UNESP, 2000.

_____. *À sombra desta mangueira*. 6. ed. São Paulo, Olho d'Água, 2001.

_____. *Pedagogia do oprimido*. 38. ed. Rio de Janeiro, Paz e Terra, 2004.

O Jornal, 15 abr. 1958. Disponível em: <http://www.faced.ufba.br/textos/entrevist.htm>. Acesso em: 12 maio 2011.

PROSSIGA — Programa de Informação para Gestão de Ciência, Tecnologia e Inovação do Instituto Brasileiro de Informação em Ciência e Tecnologia. Disponível em: <http://www.prossiga.br/anisioteixeira/agenda/moser.htm>. Acesso em: 9 abr. 2011.

RIBEIRO, Darcy. *O povo brasileiro*: a formação e o sentido do Brasil. 2. ed. São Paulo, Companhia das Letras, 1996.

_____. *Confissões*. São Paulo, Companhia das Letras, 1997.

SILVA, Agostinho da. *Considerações*. Lisboa, Ed. do Autor, 1944.

Deu certo, por que não?
A aula-plataforma no ensino vocacional

Moacyr da Silva[1]
moacyr.silva@oswaldocruz.br

> A indiferença é o peso morto da história.
> É a bola de chumbo para o inovador, é a matéria inerte na qual frequentemente se afogam os entusiasmos mais esplendorosos.
> ANTONIO GRAMSCI

Os extraordinários avanços da ciência e da tecnologia vão provocando mudanças no comportamento, na forma de pensar, de estar no mundo e com o mundo, do homem atual. Notam-se os reflexos dessas mudanças em todas as instituições sociais, em especial na escola.

Atualmente, visando à construção de uma escola mais comprometida com a complexidade desse novo contexto social, são apresentadas pelos órgãos legislativos do MEC as Diretrizes Curriculares para o Ensino Médio[2]. A interdisciplinaridade surge como uma das diretrizes que enfatizam uma possibilidade diferenciada de abordagem dos conteúdos ou de uma nova lógica na organização curricular para o ensino médio.

É importante lembrar que nas décadas de 1960 e 1970 as chamadas escolas experimentais, como o Colégio de Aplicação da

---

1. Diretor do ISE e FFCL das Faculdades Oswaldo Cruz, doutor pelo Programa de Psicologia da Educação da PUC-SP.
2. Resolução CNE/CEB nº 2/2012, *Diário Oficial da União*, Brasília, 31 jan. 2012, Seção 1, p. 20.

USP, o Ginásio Estadual "Dr. Edmundo de Carvalho", mais conhecido por Ginásio Experimental da Lapa, e os Ginásios Estaduais Vocacionais já trabalhavam a integração dos conteúdos e das disciplinas como relevante atividade curricular[3]. De fato, nos Ginásios Vocacionais, importantes instituições de renovação pedagógica, criados nas décadas de 1960 e 1970, das quais fizemos parte como integrantes da equipe dirigente, atuando como orientador pedagógico, a interdisciplinaridade era o elemento fundamental para o estudo integrado dos conteúdos e da visão do campo das ciências em sua forma globalizada. Tratava-se de uma experiência de renovação do ensino proposta pela Secretaria de Educação do estado de São Paulo. Os Ginásios Vocacionais iniciaram-se em comunidades com características muito diferentes: o Ginásio Vocacional Oswaldo Aranha estava localizado numa área metropolitana altamente industrializada, no Brooklin, em São Paulo; o Ginásio Vocacional de Americana, em um parque industrial, no setor têxtil, em crescimento; o de Barretos, em uma área com predomínio da economia agropecuária; o de Batatais, em um município caracterizado como agrícola; e o de Rio Claro, claramente marcado pela importância do entroncamento ferroviário.

A proposta pedagógica dos ginásios vocacionais

> foi pensada como um campo rico de experiências, de promoção humana e social e de formação da consciência crítica, condição básica para o homem intervir na realidade de modo pensado e planejado. A proposta coloca o coletivo acima do individual, a comunicação grupal e intergrupal como meio de sociabilidade e coesão social como prática de cidadania, situações voltadas permanentemente sobre a realidade econômica, política e cultural (MASCELLANI 2010, p. 141).

Como parte importante para a exequibilidade da proposta devem ser destacadas as chamadas "técnicas de estudos", que eram

---

3. Sobre o histórico das escolas experimentais, ver Laurinda Ramalho de ALMEIDA. *A coordenação pedagógica no estado de São Paulo nas memórias dos que participaram de sua história*, São Paulo, Loyola, 2010, p. 11.

trabalhadas na sala de aula, visando à aprendizagem significativa dos educandos. Assim, diferentes técnicas de estudo eram trabalhadas, partindo-se progressivamente do "estudo dirigido", estudo supervisionado, para o "estudo livre", tendo no "estudo do meio" importante instrumento de pesquisa da realidade externa, que passava a integrar os conteúdos desenvolvidos na sala de aula, os seminários e as monografias.

E como se dava a seleção dos conteúdos para se trabalhar a interdisciplinaridade?

Os conteúdos a serem trabalhados em cada bimestre e em cada disciplina procuravam responder à questão maior, decorrente da aula-plataforma, eixo da unidade pedagógica no período diurno, ou dos projetos, no período noturno. Sempre resultado das questões individuais e coletivas, emergiam nas assembleias das séries e na dinâmica da aula-plataforma. Em que consistia a aula-plataforma?

A aula-plataforma era o marco inicial de retomada das sínteses provisórias das unidades anteriores para o desencadear do processo de desenvolvimento da unidade subsequente. Era uma verdadeira "aula magna", no formato de assembleias de séries, da qual participavam todos os alunos, direção, orientadores pedagógicos, orientadores educacionais e professores.

Inicialmente, os professores da área de Estudos Sociais, um professor da disciplina de História e um da de Geografia assumiam a coordenação da assembleia, apresentando em linhas gerais as conclusões parciais. Em função da análise dos dados, esses professores apresentavam novos questionamentos que provocavam acaloradas discussões, que culminavam na definição de um problema maior acerca da realidade sociocultural e que passava a nortear o processo de investigação e busca de novos conhecimentos em cada uma das disciplinas do currículo.

Em torno do novo tema gerador, eixo da nova unidade pedagógica, na dinâmica da aula-plataforma, os professores apresentavam as propostas de conteúdos que poderiam ser trabalhados ao longo da unidade e que estariam mais adequados à integração interdisciplinar.

A aula-plataforma procurava mobilizar a motivação intrínseca de cada aluno para a investigação e a construção de novos conhecimentos aliados ao prazer no processo de aprender. Mas, se um dos principais objetivos era o respeito a cada aluno, como sujeito e agente de transformação, a aula-plataforma não poderia se limitar simplesmente a uma aula demonstrativa. Como ocorria em quase todas as atividades, os alunos participavam ativamente da aula-plataforma, primeiro individualmente e depois em pequenos grupos. Apresentavam as questões, inter-relacionadas com as de todas as equipes, e chegavam a um novo problema de pesquisa, o tema gerador, que desencadeava todas as atividades que viriam a constituir a nova unidade pedagógica que seria trabalhada no bimestre seguinte, conforme já assinalado.

A disciplina de Estudos Sociais era o eixo norteador para a busca de novos dados, investigação e integração dos conteúdos com todas as demais áreas do currículo. Assim, a disciplina de Estudos Sociais, que não se limitava à soma de História e Geografia, mas tinha uma abrangência maior dos conhecimentos — antropologia, sociologia, aspectos econômicos, políticos etc. —, não apenas favorecia as diversas possibilidades de integração dos conteúdos, mas também promovia o desenvolvimento das atitudes de busca de novas informações, de investigação, a criatividade e a autonomia de estudos e a construção do conhecimento dos alunos, preocupações essas também de todas as disciplinas.

Para sua melhor explicitação, necessário se faz observar que a busca de informações, a coleta de dados e a pesquisa sobre os conteúdos caminhavam progressivamente: estudos da comunidade, na 5ª série; do estado de São Paulo, na 6ªsérie; do Brasil, na 7ª série; e do mundo, na 8ª série. Nada acontecia de forma estanque, pois, muitas vezes, estudos do meio voltados para a comunidade eram desenvolvidos em séries mais adiantadas, tendo-se em vista a constatação dos problemas estaduais, nacionais e universais dessas comunidades. Era o autêntico desenvolvimento do currículo e da aprendizagem em espiral, conforme enfatizava Bruner (citado em DOL JR. 1997).

No ano letivo, em cada série, eram desenvolvidas no mínimo quatro unidades pedagógicas, que, conforme já assinalado, partiam de um tema central definido na aula-plataforma. Reunidos em assembleia de classes, todos os alunos, professores e orientadores das 5ªˢ séries, por exemplo, retomavam as "conclusões parciais" que haviam sido apresentadas em cada disciplina na chamada aula-síntese e que procuravam responder ao grande tema da unidade pedagógica anterior.

A unidade pedagógica não tratava de um "centro de interesse", mas sim de uma grande situação-problema que instigava o aluno à contínua investigação, num caminhar progressivo do senso comum ao conhecimento científico. As sínteses parciais tinham que ser justificadas com os conteúdos e os conceitos trabalhados em cada disciplina ou área do currículo.

Vale ressaltar a importante função do orientador pedagógico, colaborando com os professores na análise dos planos de ensino, bimestrais, na seleção dos conteúdos e dos objetivos, em estreita correlação com o problema definido na aula-plataforma e desencadeador das ações da unidade pedagógica. Procurava-se esclarecer, em função das diversas áreas do currículo e dos conteúdos propostos, quais seriam os principais conceitos trabalhados, o que, atualmente, se convencionou chamar de "mapa conceitual". Os objetivos deveriam estar de acordo com o desenvolvimento físico-motor, cognitivo, social e emocional-afetivo dos educandos.

Retomando, pois, a unidade pedagógica iniciava-se com o grande problema proposto em consenso pelos alunos e que os mobilizava para a investigação e o estudo dos conteúdos durante um bimestre. Com os questionamentos "menores" apresentados pelas equipes, esse projeto ia se ampliando, em verdadeiro exercício maiêutico, até chegar-se a um problema mais abrangente que todos se propunham a pesquisar.

E para os professores estava lançado o desafio da busca dos conteúdos que melhor viessem a se integrar às demais áreas, num autêntico trabalho interdisciplinar.

Atualmente, nota-se que muitos professores, apegados às questões de "pré-requisitos", encontram dificuldades em trabalhar de forma integrada com os conteúdos de outras disciplinas. Fomos os pioneiros em romper com esta questão e com a "defesa" dos professores apegados aos pré-requisitos.

Assim, por exemplo, em Matemática, na 5ª série, os alunos realizaram, no estudo do meio, pesquisa da história e da colonização do bairro onde a escola estava inserida, no município de Americana, para responder a uma das questões da UP (unidade pedagógica). Com base no censo estatístico da origem dos moradores, trabalharam a tabulação, o cálculo de médias, dos percentuais, comparando os resultados com a origem das famílias (de japoneses, americanos, italianos etc.), e construíram tabelas e gráficos estatísticos como o histograma, numa época em que se acreditava que a disciplina Estatística somente poderia ser ensinada no ensino médio.

Observa-se, atualmente, que muitos livros de Matemática do ensino fundamental passaram a incluir tais conteúdos de estatística em suas edições.

Os alunos chegavam à autêntica "construção" do conhecimento, pois eram capazes de explicar cada etapa do processo e demonstrar as conclusões alcançadas nas sínteses parciais elucidativas do problema definido na plataforma.

Na época, os estudos de Piaget, entre outros, fundamentavam e eram os norteadores de nosso trabalho e estavam presentes na proposta de investigação do tema da unidade pedagógica que era desencadeado na aula-plataforma. Estudávamos e debatíamos em seminários, nos chamados "sábados de estudos", com a participação de toda a equipe de educadores da escola, as principais obras de Jean Piaget[4]. Novamente, como OP (orientador pedagógico), na análise dos planos de ensino dos professores, procurávamos incentivar a criatividade dos educadores quanto à proposição de situações mediante as quais os educandos pudessem construir e executar as "operações mentais", fundamentais para o desenvolvimento da inteligência e do pensamento.

Retomando a psicologia genética,

> está provado que cada noção ou operação se constrói progressivamente a partir de ações efetivas do sujeito que são interiorizadas por ele. As atividades deveriam mobilizar as operações básicas do raciocínio: seriar, induzir, deduzir, localizar no tempo ou no espaço,

---

4. Ver nas referências bibliográficas as principais obras estudadas naquela época.

interpretar, julgar, provar etc., conforme a natureza do objeto de estudo (CONSELHO ESTADUAL DE EDUCAÇÃO 1969, p. 91).

Conforme já assinalamos, a partir das "questões menores" apresentadas pelas equipes, chegava-se ao "grande problema" a ser investigado por todas as áreas do currículo, de forma interdisciplinar, durante um bimestre. Numa 6ª série, por exemplo, no estudo do estado de São Paulo, um dos aspectos importantes focalizados foi o da industrialização. Essa problemática foi objeto de investigação da III unidade pedagógica do ano, assim proposta (na aula-plataforma): "Como a indústria modificou as condições de vida do homem paulista" (ibid.).

Esse problema se constituiu numa plataforma de trabalho do bimestre que estimulou várias investigações para as diversas disciplinas do currículo, tais como o estudo da água em Ciências, o êxodo rural e o crescimento desordenado da cidade de São Paulo em História e Geografia, a indústria automobilística e o governo de Juscelino Kubitschek em História, os aspectos políticos e econômicos, o crescimento populacional, elaboração de estudos comparativos através de gráficos estatísticos em Matemática, a construção de maquetes comparando São Paulo antigo e moderno em Educação Artística, os movimentos do operário na manipulação das máquinas com os exercícios em Educação Física, as obras de Mário e Oswald de Andrade sobre a "Pauliceia" em Literatura e Língua Portuguesa etc. Os alunos das unidades do interior realizaram importante estudo do meio na capital paulista, investigando e coletando dados que melhor contribuíssem para responder à questão proposta na plataforma e possibilitando, ainda, a abertura para importantes estudos dos problemas do Brasil e do mundo, que seriam aprofundados nas séries posteriores.

Convém observar novamente que toda proposição de unidade pedagógica, que resultava na plataforma, era oriunda de problemas da realidade sociocultural que mais instigavam os adolescentes, tornando-os mais críticos, questionadores e reflexivos. A aula-plataforma era o momento inicial da manutenção da motivação para o trabalho contínuo no bimestre, momento em que se fazia a proposição do problema que, segundo Piaget (1958), rompe o equilíbrio interno e vem a se constituir no esquema antecipador das operações que se desenvolvem no decurso das pesquisas que vêm a seguir.

Evidencia-se, assim, a importância da participação de todos os professores e orientadores naquela assembleia de série na qual a plataforma se construía. Conforme já assinalado, a partir dela os professores selecionavam os conteúdos e os respectivos conceitos, bem como as melhores técnicas de estudo que contribuiriam para investigar e esclarecer o problema proposto.

O capítulo que ora apresentamos não deve ser entendido como mero resgate de um tópico da história da educação, voltado para as possibilidades de inovação educacional. A aula-plataforma dos ginásios vocacionais deve ser principalmente compreendida pelos educadores como uma das alternativas para evitar a fragmentação e trabalhar a integração dos conteúdos curriculares e, ao mesmo tempo, visualizar que existem outras maneiras de os alunos chegarem à aprendizagem e à construção do conhecimento, tendo problemas relacionados com sua realidade política e sociocultural como objeto de pesquisa.

A dinâmica das aulas hoje precisa ser repensada. Sabemos da heterogeneidade de condições das escolas, sejam elas públicas ou privadas. Umas com enormes problemas de infraestrutura e outras com melhores recursos.

As tecnologias da informação do mundo contemporâneo também não podem ser desprezadas. Enquanto naquelas décadas (1960 e 1970) o rádio, o jornal e a televisão contribuíam para enriquecer o processo de investigação, hoje os educadores e educandos contam com novos recursos, como a internet, por exemplo, para a ampliação das informações e da visão instantânea dos problemas universais.

Trazer os dados para discussões e debates em sala de aula, a exemplo do que fazíamos nos Ginásios Vocacionais, é uma possibilidade de enriquecer a compreensão da enorme dimensão e atualização dos conteúdos curriculares, significa favorecer a aprendizagem e o desenvolvimento cognitivo dos educandos. Trata-se de um novo contexto que faz parte do cotidiano de milhões de crianças e adolescentes, e que os educadores não podem desprezar.

Paralelamente aos trabalhos de equipe e à ênfase no coletivo, traços marcantes dos Ginásios Vocacionais, as novas tecnologias facilitam também as interações na medida em que colocam o educando em contato com inúmeras pessoas e com as informações em qualquer tempo e de qualquer lugar. Há que destacar, ainda, as excelentes bibliotecas virtuais abertas às consultas e que facilitam o contato com as pesquisas e descobertas mais recentes e as leituras de obras literárias ou científicas.

O uso dessas novas ferramentas pode contribuir para enriquecer, por exemplo, conclusões ou sínteses parciais instigadas por um problema oriundo de uma aula (a exemplo da aula-plataforma) e pode incentivar sobremaneira as atitudes da equipe da escola, em especial professores e alunos como sujeitos e pesquisadores. Evidencia-se, assim, o título de um artigo por mim escrito na década anterior: "Estávamos no século XXI e não sabíamos"[5]. Professores e alunos podem se assumir como sujeitos desse processo, comprometidos e engajados com os objetivos mais amplos, favorecendo uma escola mais dinâmica e mais integrada com os avanços tecnológicos e científicos do mundo atual, a exemplo da experiência do Vocacional. O Ginásio Vocacional era uma escola que não apenas acompanhava, mas, sobretudo, provocava mudanças na comunidade onde estava inserido — e assim deveria ser a escola atual, com educadores e educandos atentos e comprometidos com os problemas revelados nas discussões coletivas.

Exigia-se dos professores uma nova postura, que rompia muitas vezes com o preconceito em relação a algumas disciplinas. É comum observar, ainda hoje, que os próprios professores e alunos valorizam mais algumas disciplinas em detrimento de outras, o que não ocorre quando se trabalha de modo interdisciplinar.

Nota-se ainda que a interdisciplinaridade ou a integração como nova forma de organização curricular enfatizava a importância do trabalho coletivo e da comunicação entre todos os docentes, que encontravam importante espaço nos chamados Conselhos Pedagógicos, realizados semanalmente.

Deu certo? Foi uma experiência criativa trabalhada com um grupo coeso e comprometido, em que professores, orientadores,

---

5. Moacyr da SILVA, Estávamos no século XXI e não sabíamos, *O Liberal*, Americana (SP), 23 jan. 2000, p. 4.

pais e alunos defendiam e assumiam a escola como a MINHA ESCOLA[6].

Utópica e real! Fica como desafio aos meus pares, educadores de hoje, a construção da nova escola que a realidade requer. E "ai de nós educadores se deixássemos de sonhar sonhos possíveis", como afirma Paulo Freire, ou, nas palavras do grande filósofo político Antonio Gramsci: "A indiferença é o peso morto da história. É a bola de chumbo para o inovador, é a matéria inerte na qual frequentemente se afogam os entusiasmos mais esplendorosos".

Referências bibliográficas

ALMEIDA, Laurinda Ramalho, PLACCO, Vera Maria Nigro de Souza. *O coordenador pedagógico e o atendimento à diversidade*. São Paulo, Loyola, 2010.

CONSELHO ESTADUAL DE EDUCAÇÃO, SP. *Planos pedagógicos e administrativos dos Ginásios Vocacionais do estado de São Paulo*, 1969.

DOL JR., William E. *Currículo, uma perspectiva histórica*. Porto Alegre, Artmed,1997.

GRAMSCI, A. *Os intelectuais e a organização da cultura*. 5. ed. Rio de Janeiro, Civilização Brasileira, 1985.

MASCELLANI, Maria Nilde. *Uma pedagogia para o trabalhador* — O ensino vocacional como base para uma proposta de capacitação profissional de trabalhadores desempregados. São Paulo, Programa Integrar CNM/CUT, 2010.

PIAGET, J. *Psicologia da inteligência*. Rio de Janeiro, Fundo de Cultura, 1958.

_____. *Seis estudos de psicologia*. Rio de Janeiro, Forense,1967.

_____. *Tratado de psicologia experimental*: motivação, emoção e personalidade. Rio de Janeiro, Forense, 1969.

_____, INHELDER, B. *A psicologia da criança*. São Paulo, Difel, 1968.

SILVA, Moacyr da. Estávamos no século XXI e não sabíamos. *O Liberal*, Americana (SP), 2000.

---

6. Sugerimos o filme *Vocacional*: uma aventura humana, do cineasta e ex-aluno do Colégio Estadual Vocacional "Oswaldo Aranha", Toni Venturi (*Cabra cega e O velho*). Em relação ao filme, Toni Venturi assim se expressa: "Queremos não só resgatar a experiência humana e pedagógica do Vocacional, mas trazer à tona o debate sobre a escola pública e, através de um exemplo rico, elevar a autoestima do professor".

Projeto pedagógico: sentidos e significados para a escola

Cecilia Hanna Mate[1]
hannamat@usp.br

> As palavras comuns estão nos parecendo sem qualquer sabor ou a nos soar irremediavelmente falsas e vazias. E, cada vez mais, temos a sensação de que temos de aprender de novo a pensar e escrever, ainda que para isso tenhamos de nos separar da segurança dos saberes, dos métodos e das linguagens que já possuímos (e que nos possuem)
> JORGE LARROSA (2000, p. 7).

Gostaria de iniciar este texto com uma observação que, creio, será do interesse de seus possíveis leitores. Refiro-me ao desgaste da expressão "projeto pedagógico", à perda de sentido a que chegou tal expressão. No conjunto de outras orientações de política curricular, que genericamente conhecemos por *reforma*, falar sobre projeto pedagógico requer um pequeno exercício genealógico.

Talvez retomar os momentos iniciais da invenção do projeto político pedagógico (hoje conhecido pela sigla PPP) nas escolas da rede estadual paulista, no final da década de 1990, seja um exercício fértil para problematizá-lo. Juntamente com a invenção do projeto político pedagógico, cabe pensar na figura que lhe deu vida: a do professor coordenador pedagógico[2]. Mais de dez anos se passaram,

---

1. Professora livre-docente da Faculdade de Educação da Universidade de São Paulo, trabalha com a disciplina Didática no curso de licenciatura, em diferentes áreas, e atua também na pós-graduação.
2. Publiquei artigos sobre o assunto, entre os quais: Qual a identidade do professor coordenador?, in GUIMARÃES, MATE et al. 1998; *O coordenador pedagógico*

experiências anônimas ficaram pelo caminho, outras continuam em curso, algumas vivenciadas em âmbito mais coletivo, outras em grupos menores. Em meio a algum desalento, há também múltiplas experiências que precisam sair da sombra e ser pensadas.

O exercício de retomada daqueles momentos iniciais possibilita lembrar episódios de considerável entusiasmo entre professores e coordenadores, misturado com desconfiança, que se espalharam em muitas escolas da rede pública paulista. Foi nesse clima que muitas escolas receberam o convite para que construíssem sua autonomia. Escolas que, em suas diferenças, estavam em diferentes momentos e desenhos (região, corpo docente, relações de poder, cultura escolar etc.), de modo que um modelo de projeto pedagógico a ser seguido não teria muito sentido. Era preciso ousar, inventar, produzir projetos pedagógicos a partir das próprias escolas. Para essa empreitada, a escola deveria assumir sua experiência de autonomia. A despeito da estranheza da ideia de autonomia como dever, o convite parecia animador.

Aqui outro recuo no tempo se faz necessário. Estou me referindo às lutas pela autonomia da escola que marcaram a década de 1980, não só em São Paulo como em várias outras regiões do país. Lutas que ganharam cores e intensidades diferentes em cada local e em cada um dos movimentos sociais daquela década. Conquista de espaços, das ruas, da palavra, do protagonismo. Assim é que muitos professores protagonizaram movimentos de autonomia em suas escolas, de diferentes modos, com diferentes desejos — como hoje creio que o façam também — e, o que é mais importante, sem obrigação institucional de fazê-lo. Não havia ainda denominações para tal protagonismo. Um exemplo disso foi registrado em pesquisa que tratou de uma escola pública na região oeste da cidade de São Paulo, onde, nos anos 1980, seus professores travaram uma luta interna, juntamente com seus alunos, contra o autoritarismo da

---

e as reformas pedagógicas, in BRUNO et al. 2000; *As reformas curriculares na escola*, in PLACCO, ALMEIDA 2001; *O coordenador pedagógico e as relações de poder na escola*, in PLACCO, ALMEIDA 2003.

direção da escola de então[3]. Em meio a essa luta por autonomia, os professores em questão, junto aos seus alunos, organizaram um projeto pedagógico para a escola, evidentemente sem essa denominação. Seria a antecipação de um projeto? Seria uma experiência, juntamente com outras ocorridas na mesma época, posteriormente capturada? Não sabemos.

Faço esse exercício de pensamento para falar do tema que escolhi — "Projeto pedagógico: sentidos e significados para a escola" — porque, apesar da atualidade do tema, considero difícil abordá-lo sem deslocar o olhar em direção ao passado, ainda que recente. Por isso, faço a proposta desse pequeno recuo no tempo. Junto com isso, procuro também deixar uma intenção para essa escrita: ao tratar o tema, é da escola que quero falar. E talvez a pergunta que move esse exercício seja: o que professores e coordenadores teriam para contar sobre suas experiências de participação no projeto pedagógico de sua escola? E como desdobramento dessa pergunta: que sentidos um projeto pedagógico tem hoje para a escola? Com esses deslocamentos temporais, procuro pensar nos sentidos que o lugar da escola teve/tem para todos nós e colocar em questão projetos cujo objetivo é alimentar índices de eficiência. Procuro, enfim, pensar a escola como o lugar principal de luta de professores, alunos e coordenadores.

Retorno assim à problemática colocada no início deste texto. Ou seja, após aquelas experiências de autonomia da década de 1980, muitas delas ainda na sombra[4], tivemos, no final da década de 1990, um período caracterizado por reformas educacionais na rede pública paulista. No interior de tais reformas, a rede de escolas recebeu a tarefa de elaborar seu projeto pedagógico. Ao mesmo tempo, a função de professor coordenador pedagógico (PCP) foi instaurada. O professor coordenador pedagógico seria responsável

---

3. Trata-se de pesquisa concluída em 2008 de autoria de Carlos E. RIQUETI, sob minha orientação, intitulada *Uma experiência de autogestão de professores e alunos da EESG Ayres de Moura* (1984-1994).
4. Muitas experiências acabaram ficando no silêncio, e hoje é como se não tivessem existido.

por estimular e coordenar a discussão do projeto pedagógico em sua escola.

Esse movimento provocou muita discussão, tanto nas escolas, nos sindicatos de professores, como na universidade. Lembremos que, paralelamente a esse movimento, as avaliações externas passaram a ter um papel cada vez mais determinante no andamento dos projetos pedagógicos das escolas, a ponto de hoje traçarem as regras das políticas educacionais. Com esse dispositivo, o controle sobre o trabalho de professores torna-se mais evidenciado. A administração e a supervisão em torno de seu trabalho são intensificadas, na proporção em que os *rankings* de eficiência — medida pelas avaliações externas — mostram resultados inferiores aos estabelecidos pelos órgãos avaliadores.

A partir desse exercício de pensamento, quero agora trazer para discussão algumas reflexões que tenho realizado em torno de significados e sentidos que um projeto pedagógico poderia adquirir na singularidade de cada escola. Começaria por um detalhe aparentemente pouco relevante. Nos textos oficiais e não oficiais, encontramos referências sobre "o" projeto pedagógico da escola. Pode-se pensar que o uso do artigo definido ("o" projeto) remete a modelos já pensados e/ou padronizados. Ao contrário, com o uso do artigo indefinido ("um" projeto) teríamos, então, outra linguagem e talvez outras formas de pensar e fazer um projeto na escola, já que se trataria de um projeto específico de determinada escola.

Evidentemente, estamos tratando de possibilidades reais, se pensarmos que o poder dos discursos e da linguagem faz muita diferença no nosso cotidiano. Sem nos darmos conta, é por meio de denominações, de construções de linguagem que acabamos tendo contato com ideias, propostas, textos. Esses textos, ideias, propostas funcionam como ponto de partida da reflexão sobre questões da educação. É, portanto, a partir de uma linguagem já dada que pensamos sobre a realidade do cotidiano escolar. Observar o quanto essa linguagem já dada pode nos influenciar para pensar a realidade escolar é um caminho para aceitar ou não propostas que nos chegam, para pensar sobre seu sentido, sua pertinência ou não.

Com esse pensamento-ferramenta, quero confrontar o excesso de "sínteses acabadas", de um lado, em face das "experiências com sentido" de outro. No primeiro caso, estou fazendo uso das palavras de Corazza (2001, p. 130), quando diz: "É preciso colocar em questão todas as sínteses acabadas, tais como: conteúdos, programas, aprendizagem, aluno, professor, didática [...] plano de ensino...", e poderíamos acrescentar outras, como avaliação, currículo...

No segundo caso me valho do conceito de experiência desenvolvido por Larrosa (2002) em "Notas sobre a experiência e o saber da experiência"[5]. Inspirado no filósofo Walter Benjamim, o autor constrói o conceito de experiência a partir daquilo que faz sentido para os sujeitos. E isso se dá quando algo nos toma, nos atravessa, nos faz tombar. O autor acrescenta, ainda, que o sujeito da experiência, para viver de fato uma experiência, precisa calar, escutar, sentir. Ou seja, para que algo faça sentido e tenha significado para os indivíduos que estão envolvidos com as experiências que vivem, é preciso escutar, sentir.

Portanto, um pouco de silêncio é necessário. O silêncio que muitas vezes é quebrado pelas "sínteses acabadas" que gritam em nossos ouvidos, nos espaços de planejamento, nas reuniões pedagógicas que não deixam parar, pensar, sentir! Então, o exercício do pensamento, nesse caso, é crucial para que novas ideias apareçam, para que projetos singulares sejam inventados. Projetos que façam sentido para os indivíduos que deles participam em determinado contexto escolar.

Assim, contrapondo as possibilidades de experiência — no sentido aqui utilizado — ao excesso de informação, que aumenta na proporção do tempo que diminui, temos uma equação de difícil resolução.

Desenvolvendo melhor essa afirmação e ampliando as referências acima, diria que, ocupados que estão com atribuições que impedem o pensamento e as possibilidades de experiência, muitos professores podem não encontrar tempo para se lançar num projeto pedagógico

---

5. *Revista Brasileira de Educação*, Campinas, Autores Associados, n. 19 (jan.-fev.-mar.-abr. 2002).

que os ajude a escapar de um currículo-monstro, cuja palavra de ordem é administrar o docente. Um currículo-monstro que valoriza a organização do saber em conhecimentos selecionados previamente (referendados por livros didáticos que reforçam e viabilizam esse mesmo currículo), dispostos numa sequência didática e transmitidos em etapas programadas para depois ser avaliados. Avaliações que reforçam aspectos periféricos do saber, como memorização, assiduidade, comportamento.

As etapas que o currículo instituiu ao longo do tempo não têm implicações apenas formais, como muitas vezes somos levados a pensar. Ou seja, não se referem apenas a conteúdos mais ou menos atualizados nem a formas mais ou menos diretivas e prescritivas de ensinar. Mais que isso, significa que o currículo gera efeitos sociais e subjetivos, na medida em que, com sua linguagem, organiza/ valoriza modos de pensar e de conhecer, formas de responder ao mundo, modos de sentir. Tais efeitos ultrapassam muito o que tem sido tematizado sobre o currículo.

Essas e outras questões vêm sendo problematizadas na área da educação por vários autores, entre os quais o estudioso norte-americano T. Popkewitz, que tem contribuído para compreender de outro modo os problemas vividos dentro das instituições escolares, a partir dos currículos oficiais que as regulam. Outro autor bastante fértil para a discussão aqui proposta é S. Gallo, que traz ferramentas para encontrar "linhas de fuga" dentro de nosso cotidiano escolar, apesar dos impedimentos institucionais. Esses e outros autores trazem algumas chaves para problematizar, entender e lidar com questões que atravessam o dia a dia nas escolas e que impedem o exercício de pensamento.

Como última parte desta escrita, quero tratar o tema na perspectiva de pensar as ações dos indivíduos envolvidos com os acontecimentos da escola. Nesse sentido, proponho explorar principalmente o trabalho dos coordenadores pedagógicos e dos professores com seus alunos. O que esses sujeitos (educadores, crianças e jovens) trazem para a escola, e o que a escola faz com isso, é uma indagação inicial cuja dimensão só é possível perceber dentro da própria realidade escolar.

Portanto, trata-se de reconhecer que essa dinâmica adquire faces e desdobramentos inesperados na arena escolar. Se, por um lado, tal dinâmica é imprevisível, por outro os percursos de formação de professores, os currículos e documentos oficiais que regulam o funcionamento das redes escolares, reforçados pelos livros didáticos distribuídos nas escolas, caminham em movimento contrário. Na maioria dos casos, esses suportes de formação e gestão curricular se ancoram em programações e objetivos que buscam fixar etapas, propor atividades e avaliações dos alunos antes da experiência com a classe. Ou seja, esses discursos se antecipam ao encontro de professores e alunos, de modo que se torna "necessário" colocar em movimento o que já está previamente determinado por outras instâncias.

Para pensar mais sobre tal antinomia — o currículo pronto para ser executado e o devir[6] da sala de aula —, quero destacar a sala de aula como espaço no qual as diferenças e as imprevisibilidades estão postas e se mostram nas ações cotidianas de cada um. A despeito das normas e regras que, historicamente, tentam esquadrinhar, neutralizar, desvitalizar a sala de aula, é nela que lidamos concreta e cotidianamente com o imponderável e o desconhecido. Essa especificidade nos torna, por um lado, vulneráveis, pois o que planejamos em geral se torna parcial ou totalmente inviável. Por outro lado, é justamente por essa imprevisibilidade que podemos ter um cenário aberto para diferentes possibilidades de ler, aprender, escrever, ensinar, pensar. E para isso é preciso enfrentar os currículos prontos, é preciso duvidar, colocar em questão. Tarefa difícil, pois nossa formação tem dado ênfase e valor a planos sequenciais, previsíveis e preestabelecidos, e o que vivenciamos na realidade da sala de aula nos pede uma outra coisa.

Assim, a maior parte do tempo escolar foge do *script* planejado, demandando atitudes específicas que implicam tomadas de decisão, iniciativas, falas, escutas, enfim, ações que não estão, nem poderiam estar, preestabelecidas. Seria a didática aprendida contrapondo-se à didática necessária!

---

6. Conceito filosófico que se refere à mudança constante.

Apesar de tudo, a abertura às imprevisibilidades ainda é vista como anomalia da prática pedagógica e contrária aos papéis que deveríamos desempenhar como professores. No entanto, é justamente essa abertura que pode nos levar ao encontro dos aspectos intrínsecos ao cotidiano escolar, para neles descobrirmos linhas de fuga, ou seja, caminhos para produzir um projeto pedagógico que tenha a escola real, o aluno real como base de seu trabalho.

E, se estamos falando das imprevisibilidades intrínsecas ao cotidiano escolar, vale trazer à tona um pensamento do filósofo Derrida, que diz: "O desafio do pensamento verdadeiramente ético é reinventar suas próprias normas diante do desconhecido". Utilizo essa ideia para pensar sobre as situações que o ofício de professor demanda e que se cruzam com a discussão de um projeto pedagógico da escola. Por exemplo, tomar atitudes em meio aos conflitos é uma tarefa que exige invenção, já que não está prevista em manual algum.

Nesse sentido, falamos de atitudes que têm a dimensão da ética, porque se trata de não permitir que as relações de poder, exercidas nas relações pedagógicas, se transformem em estado de dominação. Por isso, "reinventar as normas diante do desconhecido" requer tomada de posição, escuta, fala e, portanto, uma atitude ética. É nesse sentido que as relações de poder podem ser exercidas não para dominação, mas para o enfrentamento das imposições e prescrições — internas e externas — que tomam o tempo de professores e coordenadores.

Assim, um dos sentidos e significados do projeto pedagógico hoje pode muito bem ser uma discussão sobre a ética. Contudo, não sem antes lembrar de algumas especificidades, construídas no campo pedagógico, e que se traduzem na escola, mais especificamente na sala de aula. Esse é um local institucionalmente destinado ao que chamamos de ensino-aprendizagem, no qual muitas formas permanecem há quase dois séculos: o tempo e espaço organizado para as aulas, formas de organizar e lidar com o conteúdo e de avaliar. Paralelamente a essas formas seculares, no entanto, entram inevitavelmente nesse espaço as crianças e os jovens, que trazem sempre suas diferenças, por mais controle que a instituição procure exercer sobre eles. Trazem expressões, anseios, demandas, percepções, vontades.

Sendo as singularidades do público escolar um sinalizador para o projeto pedagógico da escola, trata-se então de pensar: para que e como temos exercido nosso poder em sala de aula? Que efeitos geram nosso trabalho nas subjetividades escolares? Quais sentidos podemos dar aos conhecimentos que pretendemos ensinar? E como podem ajudar o aluno a se perceber individual e coletivamente?

Referências bibliográficas

ALMEIDA, L. R., PLACCO, V. M. N. DE S. (orgs.). *O coordenador pedagógico e o cotidiano da escola.* 4. ed. São Paulo, Loyola, 2006.

_____. *O coordenador pedagógico e o espaço da mudança.* 5. ed. São Paulo, Loyola, 2006.

ALMEIDA, L. R., BRUNO, E. B. G., SILVA, L. H. C. (orgs.). *O coordenador pedagógico e a formação docente.* 9. ed. São Paulo, Loyola, 2008.

CORAZZA, S. *O que quer um currículo?.* Petrópolis, Vozes, 2001.

DERRIDA, J. Jacques sem fatalismos. *Folha de S.Paulo*, 15 ago. 2004, Caderno "Mais".

GALLO, S. Em torno de uma educação menor. *Educação e Realidade*, Porto Alegre, Universidade Federal do Rio Grande do Sul, Faculdade de Educação, v. 27, n. 2, (jul.-dez. 2002).

GUIMARÃES, A. A., MATE, C. H. et al. *O coordenador pedagógico e a educação continuada.* São Paulo, Loyola, 1998.

LARROSA, J. B. Notas sobre a experiência e o saber de experiência. *Revista Brasileira de Educação*, Campinas, Autores Associados, n. 19 (jan.-fev.-mar.-abr. 2002).

MATE, C. H. Thomas Popkewitz, um historiador desafiando as convenções. *Revista Educação — Especial Pedagogia Contemporânea*, São Paulo, Segmento, n. 4 (dez. 2010).

RIQUETI, C. E. *Uma experiência de autogestão de professores e alunos da EESG Ayres de Moura (1984-1994).* Dissertação (Mestrado). São Paulo, Universidade de São Paulo, Faculdade de Educação, 2008.

Edições Loyola

editoração impressão acabamento

Rua 1822 nº 341 – Ipiranga
04216-000 São Paulo, SP
T 55 11 3385 8500/8501, 2063 4275
www.loyola.com.br